新时代教育高质量发展书系
XIN SHIDAI JIAOYU GAO ZHILIANG FAZHAN SHUXI

U0690188

刘德敬 ◎ 著

学习与研究

教育可持续性发展的推动力

中国大百科全书出版社　　知识出版社

图书在版编目（CIP）数据

学习与研究：教育可持续性发展的推动力 / 刘德敬
著 . -- 北京： 知识出版社，2021.11
（新时代教育高质量发展书系）
ISBN 978-7-5215-0462-0

Ⅰ. ①学… Ⅱ. ①刘… Ⅲ. ①教学研究 Ⅳ.
① G420

中国版本图书馆 CIP 数据核字（2021）第 227502 号

学习与研究：教育可持续性发展的推动力

刘德敬　著

出 版 人	姜钦云
图书统筹	王云霞
责任编辑	王云霞　汪　婷
责任印制	李宝丰
版式设计	博越创想
出版发行	知识出版社
地　　址	北京市西城区阜成门北大街 17 号
邮　　编	100037
网　　址	http://www.ecph.com.cn
电　　话	010-88390659
印　　刷	北京一鑫印务有限责任公司
开　　本	710mm×1000mm　1/16
印　　张	12.75
字　　数	174 千字
版　　次	2021 年 11 月第 1 版
印　　次	2023 年 3 月第 2 次印刷
书　　号	ISBN 978-7-5215-0462-0
定　　价	40.00 元

让教育沐浴人性的光辉

教育是一项关乎千家万户的事业，社会的发展进步，需要先进的教育思想引领。时代在变，教育也在变，然而变中也有"不变"。所以，我们只有对教育进行哲学的思考，只有搞清楚了哪些需要变，哪些不能变，才能真正做好教育。而教育的本质是什么，什么是好的教育，理想的教育是什么样的，这些最基本的教育问题应是教育哲学思考的源头。只有弄清楚这些最基本的问题，我们才能找到正确的方向，办出有质量的教育。

教育是培养人的事业，是一项通过培养人让人类不断走向崇高、生活更加美好的事业。因此，教育最重要的任务是塑造美好的人性，培养美好的人格，使学生拥有美好的人生。要达成这样的目标，就需要一批有理想、有情怀、有追求、有实干精神的校长和教师，用自己的青春和智慧去践行。而在现实中，也确实有这样一群人，他们热爱教育事业，关爱每一个学生，一步一个脚印，用脚去丈量教育，用心去感受教育，用智慧去点亮教育。

如何将这样一群人聚在一起，用他们的智慧去影响更多的教师？

中国大百科全书出版社、知识出版社策划出版了"新时代教育高质量发展书系"，对新时代教育如何实现高质量发展进行了可贵的探索。他们在全国范围内会聚了60名优秀教育工作者，这些教育工作者大多是扎根教育一线的优秀校长和教师。书中的经验、实践、体会和思想，既有教学的艺术，也有管理的智慧；既有育人的技巧，也有师德的弘扬；既有教师的成长感悟，也有校长的发展思考；既有师生关系的融通之术，也有家校关系的互动之道。60本书，60个点，每一个点都是一门学问，一门艺术。

我今年给"新教育"的同人写过一封新年贺信，题目是"让教育沐浴人性的光辉"，从三个方面对教师的工作提出了建议。在这里我也把这三条建议送给这套丛书的作者和读者朋友。

一是要善待我们自己。要珍惜时间，张弛有度，让人生丰盈；要发现教师职业魅力，做一个善于享受教育生活的人；要培养健康的爱好，做一个有生活情趣的人；要与学生一起成长，做一个在教育过程中不断进取的人；要不断挑战自我的最高峰，做一个创造生命传奇的人。

二是要善待学生。要尊重学生，让学生能够张扬自己的个性，发挥自己的潜能，成为更好的自己。学生，是活力十足、茁壮成长的下一代，我们应该从发展的角度考虑，如何帮助他们成为一个有理想、有激情、有智慧的人，一个能够适应社会并且受人欢迎的人，一个挖掘自身潜能、张扬不同个性的人。

三是要把教育的温暖传递给社会。许多问题，归根结底是教育的问题。尽管我们任何一个人，作为个体的力量都是有限的，但是，再渺小的个体，也能够温暖身边的人。所以，我们要让所有和我们相遇的人，都能够感受到我们的美好和温暖，这也是让人与人之间，让全社会变得更美好、更温暖的有效方式。

有人性的人是明亮的，有人性的教育是光明的。让教育沐浴人性的光辉，我们的今天才会更加幸福，我们的明天将会更加美好，我们的世界也将会更加璀璨。

是以为序。

朱永新
2020 年 5 月 1 日

目录

第一章 可持续性发展

第四章　学习与发展

第一章

可持续性发展

第一节　发展的定义

教育事业中，教育研究是其中非常重要的部分，积极开展教育研究可以提高教师整体的素质，可以极大提升学校教育成绩。《中共中央国务院关于深化教育改革全面推进素质教育的决定》指出："建设高质量的教师队伍，是全面推进素质教育的基本保证。"基础教育课程改革已经逐渐深入，传统教育中非常流行的经验型教师已经跟不上改革的步伐，大大落后于现代教育改革和发展的需要，因此需要向科研型教师转变。实践表明，积极开展教育研究，并且保证教育研究的先导地位，可以深入贯彻党的教育方针、全面提高教师综合素质、有效提高教育质量，并且可以保证素质教育的顺利实施。

一、强化研究意识，增强责任感和紧迫感

教育研究是教育观念更新的先导。养成强烈的科研意识是教师教育研究素质提升的基础。如果科研意识不强或忽视科研，脱离实际的教育研究等都会严重影响教师素质的提高。因此，要想培养教师的教育研究素质，其前提与基础就要培养教师科研意识。

（一）主体意识。许多教师深受传统教育以及科研素质局限的影响，"无关论"思想盛行其中，他们认为教育研究和自身无关，那应该是教研部门的事，是那些教育专家、教授等专职教研人员的事；还有些人认为自己水平不够，而教育研究这么高深的事，自己根本没有能力参与；也有的担心参加教育科研会牵扯精力，也会减少教学时间，这样就影响了教学质量。长时间这样，就形成了非常被动的教育教学方式方法，机械模仿、老一套的教学方法大行其道。随着新课程改革的深入发展，教师科研素质的培养提升就至关重要，新课改背景下，每一位教师不可缺少的一项重要素质就是科研素质。毋庸置疑，那些轻视科研，不会科研的"经验型"的教师将被淘汰。所以，我们一定要提高认识，树立新观念，积极进行角色转变，主动去科研，建立并坚定每一位教师都应是教育研究参与者的思想，并主动积极地参与教研，把自己定位为教研主体，逐步实现从"经验型"教师到"科研型"教师、"学者型"教师的积极转变，从而全面提升自身的素质。

（二）投入意识。由于科研意识的淡薄，大多数校领导对教研重视不够，有的学校即使是搞"科研"也往往是形式主义，上级有要求，就随便搞一段时间。有的学校领导则认为，搞教研是教师自己的事，不但不支持，反而阻挠。有的学校没有教研氛围，教师不愿花时间、花精力去研究，不愿意花心力去锻炼。有的教师则是为了评职或其他目的，做表面文章，一旦自己的目的达到便偃旗息鼓了，歪曲了教研工作的目的。通过前面的分析，我们知道，教育研究其实并不是想象的那么神秘，只要教师提高认识，真正投入到教育研究中去，就是每个教师都触手可及的。但是必须要教师舍得花时间、花精力去尝试，去研究，所以每位教师都要把科研素质作为自己的一项重要素质来培养，努力增强自己的投入意识。

二、开拓进取，不断提升教师的教研素质

教研是兴校的前提，教师是教研的先锋。教育部原副部长王湛指出，教育研究为提高教师队伍素质和教育教学质量开辟了广阔的道路。广大教师要努力掌握教育研究知识，积极开展教研活动，与时俱进，积极探索，开拓进取，不断提高自己的教育研究素质，从而为提高师资队伍的整体水平，提高教育教学的质量和效益贡献自己的力量。那么，怎样提升教师的教研素质呢？

（一）加强组织领导，完善教研机制

根据新课程设置的要求以及学校的实际情况，努力构建适应新课程的教研网络，由学校主要领导分管，各年级组长、各科教研组长、骨干教师组成学校、年级、学科三级教研网络，明确教育研究目标，转变教育观念，建立健全相应的教育科学研究的基本要求和激励机制。为了调动教师参与教育研究的积极性，使教育研究长期开展下去，学校要尽可能给予出成果者"心动"的物质奖励和精神奖励，让研究者感受到成功的快乐。

（二）通过订阅书刊，开阔科研视野

现今社会发展迅速，已经进入了知识大爆炸的时代，新潮思想、新式理论、新的思维方式层出不穷。广大的教师需要订阅足量的教育研究书刊，并且及时阅读，才能第一时间准确地了解最新的教育研究动态，准确地掌握相关研究的进程，从中获取相关的大量有效信息，这也可以提高研究的有效价值。这其实也属于教研的基本过程，这与教师的研究方向，如课堂教学实践研究、课题研究、文献的查阅与获得等没有联系，所有的研究都必须保证这一点。所以，作为教育研究者，应该多订阅教育研究方面的书刊，及时感受时代的脉搏，这样才能克服研究中出现的片面性、局限性，

拓宽科研视野。同时必须加强学习，学习党的教育路线、方针和政策；学习有关的教育理论；学习与教育相关的法律法规；学习各种教育教学期刊报刊、图书、网络信息等资料；学习其他学校、教师的先进教改信息、教育教学经验等。

（三）掌握研究方法，开展科研活动

有很多老师觉得教研十分神秘，看起来高不可攀，其实这种认识是对教育科研的片面认识。而出现这种认识的基本原因就是没有掌握一些基本的和常用的研究方法。而基本并常用的研究方法有观察法、调查法、问卷法、测量法、比较法、经验总结法等。这些方法就是教育科研的基本工具，掌握了这些基本方法，再去参加教研活动，也就拥有了在教研过程中快速有效地解决问题的工具，这也是提高研究能力的基本途径之一。这样更有助于教师体验到科研成功的喜悦和快乐，从而大大提高教师参与教研的积极性。

（四）提高理论水平，撰写科研论文

强化了教研意识，明确了教研目标，掌握了教研方法，认真开展研究活动就会产生一定的研究结果。而研究结果一般需要以报告或论文的形式表述出来，从而可以让更多的人知道，也便于运用。撰写教研论文其实是一个过程，从感性认识到理性认识，以及从"必然"走向"自由"。值得注意的是，教研论文同样要符合论文的一般结构，并且其内容要反映出研究结果的中心思想，不要出现与基本论点不相关的内容，论文中对问题的阐述要前后连贯，形成条理清楚的整体。而且要明确概念，判断准确，推理要逻辑明晰，文字简练、顺畅，要选用最简单的案例，案例要能体现深刻的思想，实现生动的事实到抽象的科学结论的转化。写论文时也要尊重别人的劳动成果，凡是其中出现的他人的著作、科研成果以及重要的言论等，

在论文之后要写清参考书目以及作者。

三、教育研究是提高教师素质的重要手段和途径

学校教研工作要明确校长和教务处的领导地位，在其领导之下开展工作。首先，需要建立四级教研网络：一级为校长、教务处及教研处，二级为教研组，三级为备课组，四级为教师。其次，明确各级网络的职责范围和工作制度。最后，要统一学习党和国家教育方针，分层次学习现代教育理论，树立正确教育思想，明确现阶段培养目标，掌握教育规律，了解学生认知特点。而以学校教育为本的教研制度，就是立足课堂，并以教师研究为主体，解决课改中出现的各种问题，以此为指导下开展教学研究和实践活动。

各级工作制度可具体分为：

（一）领导细致听课并深入教研

以校长为带头人，在其领导下，组建并形成本校强有力的教研队伍，制订全面的与学校相符合的教研工作规划以及各项规章制度，并担负监督实施的责任。具体有：

1. 做好优秀教师参加进修的工作，做好骨干教师定期培训的工作，做好组织全体教师参加业务培训的工作，同时也要做好学校自培教师的工作。

2. 第一级（校长、教务及教研处主任）要深入课堂，全面了解本校教师的教学情况，最低要求平均每周不少于 2 节课时。

3. 第一级（校长、教务及教研处主任）在听课前要做好准备工作，包括了解教学内容、明确教学目标、清晰教学要求，做到有针对性地去听课。

4. 校长、教务主任、教研处主任听课后要对所听的课做出正确评价，和讲课教师交换意见，以促进教师教学工作。

学校领导要经常深入教研活动，每周至少参加一次教研活动，了解教学和教研情况，以便及时发现问题，解决问题。

（二）教研组（长）校本教研制度

学校成立教研组，就是为了落实教师教学工作，为更好地开展教学研究并提高教师业务水平的重要举措。教研组长起到承上启下的重要作用，他要在校长、教务处的领导下，完成组织并领导本学科所有教研工作的任务。

1. 教研组长在进行工作之初，就要组织本科教师认真学习党的教育方针，理解相关教育科学理论，学习本学科的新课程标准，并且尽快组织教师制订学期工作计划、年级教学进度计划、近期教研计划以及第二课堂活动的计划，还要及时督促教师严格执行并做好反馈。

2. 积极组织教研活动，有计划地开展备课，并定期进行听课、评课活动，对各项活动要做到及时总结交流、进而推广经验，撰写成果论文，实现逐步提高学科教学质量的目的。

3. 做好本学科教师教学的各项工作，特别要重视年轻教师的培养。任命合适的备课组长，组织本学科教师仔细备课，规范教案的写作整理。

4. 定期（每周一次）组织教研活动。其主要内容为：组织备课，进行教案检查，集中解决近期教学中出现的问题。

5. 组织本学科的工作总结和专题小结活动，督促本学科教师及时完成工作小结，发动并指导教师撰写科研论文。

6. 开学前制订好教研计划，定期向学校领导汇报工作，并向教师说明情况，努力打造一个严肃活泼、刻苦向上、和谐发展的教研组。

（三）备课组（长）校本教研工作制度

在教研组长的直接领导下，由各个备课组长负责本年级的备课和教研工作，为提高本年级本学科的教学质量而努力。

1.带领全组教师认真细致学习教学大纲、本学期教材，理解教材内容，明确教法，了解所教学生的认知情况，制订本级本学期的教学进度，并负责检查，督促执行。

2.组织制订本级本科教学进度计划，制订相关教研专题，明确进修计划，上报教研组并有条理地去组织实施。

3.组织集体备课，共同探讨，次数适当，但每周至少一次。

4.协助教务处做大型考试及各种抽查和测评的工作，完成命题、阅卷、总结等工作。

5.组织开展教研活动，落实本组教研课题。

6.抓好本年级活动课和研究性学习课的教学，认真抓好本年级学科的辅优扶差工作，提高教育质量。

（四）教师校本教研制度

一线教师是开展教学科研工作的直接参与者和受益者，是教研活动开展的出发点和终点，教师参与教研活动的质量会影响到全校教研活动的质量并直接影响教学工作的质量，因此要求教师参与教研活动的时候要态度认真并具有较强的主动性，这样才能在活动中不断成长，从而提升自己的教学水平和能力。

1.在学校要认真主动去参加各级别的教研活动，并积极认真地完成活动中布置给自己的任务。

2.认真完成备课任务，在教研组活动前要认真准备，活动中积极发言，活动后认真总结。要博采众长，认真参与各种听课、说课以及评课活动。

3.重在坚持，具体做到"六个一"，即每年精读一本有关教育教学理念的书籍，确定并基本完成一个教学研究课题，精心准备一堂教学公开课，认真完成一套多媒体教案，精心完成一份心理和德育渗透教案，仔细书写最少一篇教研论文。

4. 要熟悉并理解教学大纲，掌握课程标准，吃透教科书及教参，制订合适的学期授课计划。

5. 精确把握课程标准以及教学要求，精心备课，认真写好教案。

只要广大教师不断强化教育研究意识，坚定地走科研兴教、科研兴师的道路，置身于教研活动中，用科研理论和方法做指导，积极参与各种教研活动和课题研究活动，就能不断提升自己的教研素质，为教育事业的改革和发展做出更大的贡献。

四、教师专业成长的内涵和特点

教师的专业成长指的是，教师教育专业知识和专业技能的不断提高，也就是说教师显性之下的隐性的不断发展。

教师的专业成长是新时期教师培养的关键点。要实现教师的专业成长，加强教育研究迫在眉睫，势在必行。教育研究是促进教师专业成长的必由之路。

教师的专业成长，是教师队伍建设中的重点课题。

教师的专业成长，是把教师放置于学习共同体中，把教师当作需要成长的动态对象加以关注，以可持续性发展的眼光看待教师的工作。

五、教育研究是促进教师专业成长的途径

现阶段中小学教研的基本目标是解决问题；基本形式是实践参与者对自身教学实践情境和经验所做的分析和总结。教师在研究中所需要收获的是"如何做"，而不是去探索发现"那是什么"；研究活动的落脚点也应该是问题的解决，以及教育教学行动的完善与改进。

教育研究是促进教师专业成长的基本途径，在开展教研活动过程中要尊重教师的个性和特长，搭建适合教师展现个性和特长的平台，从而促进教师的专业水平不断提高。

同样，教育研究活动也是具体的促进教师专业成长的途径，所以一定要紧密联系实际，以服务教学为中心，采用多种形式，分层次、分阶段渐次推进。

（一）科研目标的提出要有坡度

新教师：重点在学习教育教学理论，并把理论与实践结合起来，尽快达到教学入门的基本要求。

处于中间层的教师：重心在学习现代教育理论，以新课程为中心，开展教学研究，达到提高教学和教研水平的目标。

精英骨干教师：重心是在现代教育理论的指导下，总结其教学经验，逐步形成并发扬自己的教学特色，充分发挥其示范作用。

（二）个性化引导参与科研

给每一位教师研究者展示自己风采的舞台。在研究活动方面，常规与个性并重。

（三）贴近教师，走进课堂

鼓励教师做一些和教研有关的事情，比如读一本教育理论著作，独立研究一个小课题，展示一项自己的教学技能，独立编制一份试卷，撰写一篇案例分析等。

（四）教科沙龙

学校多组织教研沙龙，通过教研沙龙等形式，让教师的思想在沙龙交流中碰撞出智慧的火花。

六、教育研究促进教师专业成长的策略

教育研究如何促成教师快速成长，这其中的策略起到举足轻重的作用。

（一）在新课程的新形势下，强化教师以科研求生存的意识

对于学校来说，新课程的实施是强化教师研究意识良好的契机。学校应该让教师意识到：只有成为一名研究型教师，才能适应新课程，才能在未来的教育中拥有一席之地。

（二）以校本培训为平台，提升教师的科研境界

校本培训工作是学校建设高素质师资队伍的重要途径之一，也是学校发展的基础。学校一方面要加强教师的理论学习，另一方面要坚持举办多种形式的"素质教育论坛"。"素质教育论坛"是一种特有的校本师资培训形式，让教师在互动学习中实现思想碰撞，能够有效地提高教师业务水平。

（三）通过课堂教改，推动课改实践深入进行

学校的基本教学形式是课堂，所以要以课堂教改为突破口，也就是以课堂为主阵地，把构建高效课堂作为核心，从而推进课堂教学改革深入进行，创建一种教学新模式，使教研活动的形式产生转变，实现从会议式到课堂教学观摩的转变。

（四）用课题研究提升教学科研有效性

课题研究可以促进教师业务的发展，并且具有强大的推动力，同样也可以实现科研兴校、科研兴教的目标。中小学要紧紧抓住主干课题的研究，

并且要实现以主干课题带动教师总结自身的教育教学实践，提升教学成效。

（五）以管理制度为保证，驱动教师科研优教

完善的管理制度可以确保教研工作的正常开展。中小学校要制定一系列的完善的教研制度，鼓励教师拿起教研武器武装自己。

第二节　发展的方法

促进教师成长，最重要的是找到他们最感兴趣、最具优势的研究方法。教师可以从以下几种方法中选择自己最喜欢的、最适合自己的方法来促进自己的成长。

一、经验移植法

所谓经验移植法，指的是教师通过借鉴别人的教育教学经验和方法，用在自己的教育教学工作上，去进行模仿和尝试。

我们在分析名师成功的案例中发现一个共同的现象：他们都是从听课起步、模仿和学习他人、多方面吸取各家的长处，一步步成长起来。

听名师讲课是一种享受，更是提高自我的最有效的途径！观摩名师精彩的课堂教学总是让人感觉时间太短，向名师学习，提升自己，做最好的自己。

教师的教学功底是需要积累的，而养分就是那一堂堂模仿课，这其实就是经验移植法，即使它只是一种非常简单的实验研究，但对那些刚踏入教学大门并向教研进军的年轻教师来说，可称得上是一条捷径。这种方法既能让参与者体验教研过程，还能夯实参与者的教研基本功，同时还可缩短他们初为人师的适应期，并容易取得较明显的教学效果。

教师还要广泛阅读各种教育书刊，积极参与外出学习考察，这样可以学习和观摩到一些先进的教育教学经验。学习了先进经验之后，教师就要思考这种经验是否可以移植，使用到自己所教之地、所教之学科和所教之班中，并考虑在实际操作中，这些经验是否存在不足和缺陷，在自己的优势和积累的经验之下是否可以改进和提高，并应该怎样做，经过整合会收到怎样的效果……经过这一科学思考的过程，这些经验就会化为己有。其基本过程如下：

1. 学。教师经过翻印并学习优秀教师的教学经验材料，以及收看其他优秀教师的课堂录像，通过研究讨论，深刻理解优秀教师的先进思想、新式观念、可借鉴的课堂教学方法模式。

2. 仿。"照着葫芦画瓢"，通过学习掌握优秀教师的经验，在自己的课上模仿使用。

3. 创。在"模仿"之后，必须要进行总结与评析，再次与优秀课例对照，并总结自己仿课的成效与得失，进行二次设计，也就是说要始于模仿，最后要高于模仿，这样才能逐渐进步，并慢慢形成自己的教学特点和风格。

4. 写。在教育理论指导之下，对自己的教学经验仔细分析总结，最终形成文字材料。这种文字材料可以是教育教学经验总结的论文，也可以是一种教学模式的阐述。经过学—仿—创—写这几个过程的不断反复，最终形成自己的经验材料集，这也是教研成果的体现。

二、备课研究法

备课能力是教师教学的一种基本能力，同时教师备课活动也是教师成长的桥梁，是教师教学能力提升的一个载体，是教师提高自己业务水平的关键。在备课中，教师要学会利用备课促进自己的快速成长。平时可以把几种备课方案拿出来，和同行们进行探讨，最终形成比较满意的设计。写教案是教师的一项创造性劳动，要坚决避免"岁岁年年人不同，年年岁岁课相似"的现象。

作为教师应该怎样利用备课来促进自己成长呢？

（一）从研究的角度去备课

备课是一个很简单、很平常的事，但如果不用心，也是做不好的。所谓用心，是指潜心、留心、细心、耐心。如果能这样去备课，能备不好课吗？教师能力能不提高吗？"天下无难事，只怕有心人"，这是大家都明白的真理。

（二）找准研究的切入点

备课是一个简单的事，但也是一个大工程，教师不可能做到什么都去研究，因此要寻找适合自己的切入点。

备课研究的切入点主要有以下几个方面：

1. 研读教材的研究；

2. 开发课程资源的研究；

3. 组织处理教材的研究；

4. 教学设计的研究；

5. 学生的研究；

6. 课堂教学评价的研究；

7. 课堂学生学习活动的组织研究；

8. 如何处理教学细节的研究。

选切入点，并不是说只研究这一个问题，而放弃其他方面的研究，而是在一个时期里要有所侧重，不平均使用力量。

（三）尝试不同的备课方法

要备好课一定要注意讲究方法。在备课过程中，教学设计是重头戏，因而要在教学设计上多下功夫，教学设计推敲一遍，教案修改一次，就是自己对课堂教学认识升华一次，教学能力也会迅速成长起来。

特级教师于漪与公众分享的"一篇课文三次备课"的经验，为教师的成长指出了一条捷径：对同一篇课文，第一次备课，不参考任何文献，只关注自我，完全按照个人见解准备方案；第二次备课，分类处理各种文献的不同见解，参考不同的意见；第三次备课，边教边改，根据上课中出现的各种情况，课后再"备课"。这种关注自我、关注文献、关注现实的备课方案，会真正有效地促进教师的快速成长。

三、案例研究法

所谓案例研究法，指的是教师通过对典型教育案例的描述及剖析来认识和总结教育规律的方法。

研究教学案例在教师的成长中有特殊的作用。大多数一线教师对长篇大论的理论探讨不擅长。其实，在他们工作中有着大量形象而鲜活的教育教学案例，这是一种非常宝贵的教研资源。如果把这些案例整理开发出来，就能很好地反映教育教学规律，这也是提升教师教育教学能力的一个好办法。

教育案例可以反映出一个有意义的教育问题，而围绕着这个问题从提出问题到解决问题的过程，是一件事情或者事件的发生、发展的过程。而这件事情或事件是有普遍性、代表性的，又必须是真实的。

教师在应用案例研究法时要考虑以下几个问题。

（一）选好案例——有一个好主题

选择案例就是选择研究主题，选择了一个好的主题是把教学案例写好的首要条件。案例的代表性、典型性、针对性越强，研究的主题价值就越大。

案例选择的范围是很广泛的。教师既可以从备课、教学设计等教学教育活动中选择案例，也可以从课堂教学教育活动中选择案例；既可以从组织学生学习的方式上选择案例，也可从教学评价的教学行为中选择案例；既可以研究大一点的案例，如对一节课的教学纪实进行研究，也可以研究小一点的案例，如从一节课中选取一个精彩片段进行研究。

不管是大案例，还是小案例，教师都要选择一个有研究价值的故事。

（二）真情实感——有一个好表达

既然是案例，就要把事情的起因、过程和结果真实地表达出来，以说明和叙述为主。案例是跟自己有关的真实的故事，就要写出自己的真实情感。教师写作时要注意以下两个"不等于"：

1. 写案例不等于写小说。案例是真实发生的，小说是杜撰的。很多教师认为写案例就是写小说，就是把时间、地点、人物等诸多因素描述清楚，加上教师个人主观的虚构，最后加上小说的一般情节就好了。

2. 写案例不等于写教案。有的教师会把写案例和写教案混淆。其实，两者有很大不同。教案是教师对教学步骤的设想、安排，是一种还未付诸实施的构想；案例是针对一个真实发生的教学事件的反思与探讨，是对已经发生的事实的思考。一个写在教学之前，一个写在教学之后，两者并不相同。

通常而言，教学案例的写作形式主要包括两部分：第一部分写案例，第二部分写反思。教学案例的写作形式不一定局限于这一种，也可以采用其他形式，如夹叙夹议的方式，把叙事和议论穿插进行。

（三）从感性到理性——有一个深刻反思

如果教学案例仅仅停留在举例叙述上，没有对案例从感性到理性的深刻反思，就不能达到我们写案例的目的。所以，写教学案例必须写好反思这一部分。

一般情况下，教学反思的写作主要包括以下四方面的内容：

1. 对成功经验进行肯定；

2. 对存在的问题、失误进行查找，并分析原因；

3. 发现新问题；

4. 对下一步工作思路展开构想。

总而言之，反思不能泛泛而谈，一定要升华。

四、叙事研究法

教师通过讲述自己的亲身经历、诉说自己的真实情感、表明自己的心理感悟，并通过总结与反思自己的教育和教学工作，肯定其中正确的，纠正其中错误的，从而在其中发现教育教学规律的叙事研究，可称之为叙事研究方式。

叙事研究方式有如下程序：定主题—写文稿—交流并发表。

叙事研究法对现在的中小学一线教师来说颇具优势。其根本原因是：它通过让教师回忆自己亲身经历的教育教学生活，从而潜移默化地发挥作用，影响教师自身的行为；同时，教师通过反思，会逐步认清自己，慢慢形成自己独特的教育理想和信念。因为叙事研究方式本身就是教师自我诊断并修正的过程，其成果也可启发其他教师，也更容易引起共鸣，从而令其反思自己。从这方面讲，叙事研究方式也更具亲和力，比较容易被一线教师接受。

关于叙事研究，贲友林老师谈了自己的体会：

在整理自己的教学经历时，我常常扪心自问：充满曲折的教学经历令人感到丰富、耐人寻味，那是因为我的潜意识中有一丝写故事的想法，因而多了一份"心计"，多了一份"经营"。一次偶然的机会给了我启示：如果我们把平时与学生的交往记录下来，写成故事，那倒也是一件有意思、有挑战性的事。

记叙故事，是我们在改变自己的教育活动之后的一种"记录"冲动。写故事，写我们教育生活中的故事，那是因为我们已经有了行动。如果不行动，如果不改变自己的教育习惯和教育行为，叙述将是比较困难的事情，甚至是无话可说，无事可写。写故事是否有点像记录自己的教育"历史"、撰写自己的教育"传记"？因为要写故事，我们与学生的交往将不再简单，不再草率，不再匆匆，不再敷衍，我们的教育行为将更多地由"随便"走向"有意"。写故事，对我们的教育行为是否有一种"约束力""改造力"？

记叙故事，是我们改变自己的教育活动之后的一种"反思"冲动。记叙故事，我们进入了自我建构的状态。在写的时候，在读的时候，现实中的我们与理想中的我们在持续对话，乃至交锋，我们倾听着自己内心深处的声音，站在自己角度追问、挖掘自我，我们总是在以某种教育理念的眼光审视、反思自己的教育行为。我们个人化的教育观念是否会经由这种反思而发生转化？

我不知道我们"写故事"是不是叙事研究，但我们无法否认：写故事，让我们的教育生活多了激情，多了智慧，多了艺术，多了创造。故事，彰显了教育的美，创造了教育的美。"故事，实际上使我们成为我们想做的人。"

（选自《人民教育》2003 年第 15、16 期）

叙事研究法的关键是要写好叙事研究的案例文稿，因为写文稿的过程就是研究的过程。在写文稿过程中，教师要注意以下几个问题。

第一，围绕中心，突出主题。

虽然对教学叙事研究的文稿要求不是那么严格，但一定要选择有价值的内容来写，并围绕一个中心突出主题。这个主题要体现相关教育理念。

第二，写自己的故事要真实。

教学研究是一种科学，不是文学创作，一定要实事求是。只有教学叙事是真实的，教学反思才会有意义。

第三，叙事应有情节。

叙事要围绕问题展开，不能记流水账，要记叙有情节、有意义的相对完整的事件。

第四，叙事与议论结合。

教学叙事研究文稿虽然要以叙事为主，但也要议论，议论就是反思部分，写出教师自己的体会和感悟。

第五，长短适宜，有情感体验。

叙事研究要求的是研究内容要有价值。如果写的内容价值不大，长了也没有意义；如果写的内容有价值，即使篇幅短也有意义。

五、小课题研究法

课题研究比常规教学工作要复杂一点，但并不是教研专门人员和少数骨干教师的专利，普通教师也一样能做。课题研究虽然要比常规教学工作辛苦一些，但付出大收获同样也大，能促进教师自己的迅速成长。

中小学开展课题研究往往有以下几个误区。

第一，追求纯而又纯的研究。

中小学教师不可能搞纯而又纯的研究工作。教育工作的复杂性和不可控性，决定了其研究工作不可能是纯而又纯的。社会科学不像自然科学那样静止不变，让中小学教师用孤立不变和偏重于数据处理的自然科学研究模式来研究教育教学问题，势必人为增加研究工作的难度，让老师陷入烦琐的数据统计劳累之中。

第二，贪大求洋，舍近求远。

脱离教师或学校的实际是导致研究失败的一个重要原因，如"素质教育研究""学习方式的研究"等。素质教育的含义太广，内容太多，国家在体制方面尚无良策，一位教师又该如何去全部研究呢？学习方式的概念也太大，目前学习方式有合作学习、体验学习、接受学习、研究性学习等多种，一位教师不可能所有的都兼顾。

还有一些怪现象：教师身边每天都有许多具体生动的研究课题值得去研究，可有一些教师偏要去研究一些脱离实际的高深的理论问题。结果上交的论文"假、大、空"，正面的实际内容少，抄的东西多。

第三，兴趣转移，浅尝辄止。

造成研究工作搁浅的一个因素是，刚开始搞研究工作时教师兴趣很浓厚，决心也很大。但随着时间的推移，特别是研究中出现困难和曲折时，加上有人非议，或领导不支持，研究兴趣就日益下降，以至于有了放弃的态度。

研究工作搁浅有时还有上级教研部门的责任。有些科研课题立项研究收费太高，专家指导有时还要招待并收费，这就给研究工作带来沉重的经济负担，也是导致教师不愿意去搞研究工作的一个重要因素。

综上所述，必须要对教师开展教育教学研究工作策略进行调整，发扬长处规避短处，要把研究落到实处，也就是，要注重实际，注重实用，注重实践，注重实效。

现在的中小学教师可以适当调整方向，去做一些小课题研究。举例来说，现在大力提倡的校本教研，就是直接引导广大一线中小学教师参与到校本层面的课题研究中来。简而言之，教育科研工作并不都是大工程，也不都是那些必须立项，然后进行大规模活动才能完成的大项目，而是大小工程都有，而且有很多是每位教师都能参与其中的平凡事。如果没有参加大型教研项目的机会，那教师自己可以选个小课题去做教研；如果没有研究大课题的能力，可以从研究小问题入手。那些常规的教学过程经过简单转化可以成为教研的过程，教研并非高不可攀，也不是凌驾于教育教学工作之上的东西。其实，它同样是教育教学工作本身就存在的一种方式。从这点来看，每位一线教师都可以做教研。

进行小课题研究可以遵循以下几个步骤：

第一，发现问题。

解决问题的前提是发现问题，教师要善于从自己身边的教育教学活动中发现问题。例如：

1. 学生看不懂地图怎么办？

2. 学生记不住地名怎么办？

3. 学生在课堂上提出稀奇古怪的问题怎么办？

4. 新课程提出的三维教学目标在教学设计中怎样体现？

第二，寻找解决问题的方法。

这是一个分析问题和研究问题的过程。针对问题，教师可从以下几个方面去寻找解决问题的方法：

1. 分析问题出现的原因；

2. 查阅相关材料，借鉴别人经验；

3. 向有经验的教师请教；

4. 动脑筋思考。

总而言之，教师要想方设法找到解决问题的办法，并形成思路。

第三，尝试操作。

将方法和计划放在实践中去尝试，这就是实验阶段，可以结合自己的课堂实践去进行各种尝试。

第四，总结反思，补充修改后再一次尝试。

经过课堂实践以后，教师要总结分析引入的新方法的效果，看成功在什么地方，失误在什么地方。可以分析总结一下，哪些方法效果好，哪些效果不好，为什么会这样，怎样去改进。然后，修改计划再进行新一轮的尝试，直至得到一个满意的成果。

第五，把研究的结果整理成经验材料或写成论文。

第二章

在研究中学习

第一节 "研究性学习"的定义

在我国当前的教育理论中，对"研究性学习"的概念有着不同的理解。"研究性学习"是指一种学习方法、一种教学策略或一门特殊的课程。当然了，这些含义有一些共性，但也有明显的差异。这些差异揭示了"研究性学习"的上述含义之间的密切联系，因为不同的研究机构所指的"研究性学习"的目的、过程、方法和要求是不同的，这给理解和表达带来了许多差异，给我们的研究和实践工作带来了一些困惑和不必要的麻烦。因此，在本节中，我们将首先分析这些定义的具体含义，然后探索不同定义中隐含的共同教育理念，最后在"一"和"多"的统一中把握"研究性学习"概念的深刻内涵。

一、"研究性学习"作为一种学习方式

（一）作为一种学习方式，"研究性学习"的含义

顾名思义，"研究性学习"作为一种学习方法，是一种类似于科学研究的学习过程、方法和形式。简洁起见，我们把"研究性学习作为一种学习方法"简称为"研究性学习方法"，把"用研究性学习方法学习"简称为

"研究性学习"。广义而言，研究性学习应该包括三种方式：针对学龄前儿童的研究性学习、针对在校学生的研究性学习和针对社会成员的研究性学习。每种方式都有各自的特点。比如说，学前儿童的研究性学习是自发的，学生的研究性学习是基础的，社会成员的研究性学习是必要的，等等。本书讨论的是以学生为主体的研究性学习。

什么是"研究"？美国《科研教育技术标准草案》对它的定义是：科研活动是多样化的科学活动，包括科学观察、提出科学问题、通过互联网浏览科学书籍或其他科学信息等。找出已发现的或已知的研究结论，制订研究调查或研究活动计划；根据研究实验中的证据，对已有的研究结论做出科学的评价；或者使用科学工具收集、分析和解释实验数据；或者提问、解释、做预测；或者交流研究成果。研究不仅需要人们确定科学假设，进行不加批判和符合逻辑的科学思考，还需要考虑是否能找到其他替代的科学解释。这是一个狭隘的定义。正是这种对"研究"的狭隘而准确的理解，引发了人们对学生进行长期研究性学习的积极可能性和必要性的高度怀疑。

对"研究"的广义理解是"探索事物的本质、规律和真理"。从这个根本意义上说，研究实践本身可以细分为多个层次，所有具有科学生活和科学意识的年轻人都应该能够在不同知识的基础上，组织开展不同学术层次的科学研究实践活动。虽然学生，尤其是普通学生，在学术素养上不如一些专家学者，但他们仍然希望积极开展与自己的科学认知、情感和意志紧密适应的科学研究。同时，随着现代信息网络传播技术的快速发展，今天的学生可以借助信息网络等信息传播渠道，随时获取除书本之外的大量有价值的教学信息。在课本告诉他们之前，他们就可以获得很多关于知识点的信息。更重要的是，研究性教育是一种科学创造，不仅要求学生具备一定的科学知识理论基础，还需要丰富的科学想象力，而这些能力正是当前学生，尤其是普通学生最大的教育优势。因此，校外的学生完全可以自由地进行科研性质的学习。"研究性学习"是"接受性学习"的一个相对概念。

就人的发展而言，研究性学习和接受性学习都是必要的。在人们的具体活动中，它们往往相辅相成，齐头并进。在我国新的基础教育课程体系中，研究性学习被特别强调，并不是因为接受性学习不好，而是因为我们过去过于依赖接受性学习，而研究性学习被完全忽视或退到了边缘。强调研究性学习的重要性，就是要促进学生学习方式的转变，从而实施以培养学生创新精神和实践能力为核心的素质教育。

（二）研究性学习的类型

本书讨论的是以学生为主体的研究性学习，但可以根据不同的标准重新分类。

1. 根据教研活动的具体内容和教研课程的学习，大致可以分为两类：教学课题规划与研究和教学项目规划与设计。

课题调查研究的主要研究目的是深入了解和研究某一领域解决问题的特点。具体包括科学调查研究、实验调查研究、文献调查等类型。它主要关注我们现实生活和工作中的一些问题，展开科学研究，寻求解决方案。这种类型的知识既能帮助学生整合各专业学科的知识，又能充分培养学生自主学习的主动性，帮助他们快速构建与社会现实生活紧密联系的综合知识的思维框架。作为科学专题研究的主要组织者和核心，问题研究情境的基本结构是不清晰的，对问题没有简单、固定、唯一的正确答案。但将其作为专项学习的初始基本动机和最大挑战，不仅能直接激发学生积极探索实际问题、寻找正确解决问题方法的研究欲望和学习活动，还能培养学生成为致力于解决实际问题的科学研究者和具有独立开展学习实践能力的主动学习者。

2. 根据学生研究性教育的集体组织工作形式，大致可分为三种主要研究类型：学生小组集体合作讨论研究、个人自主合作研究、个人合作研究与其他班级学生集体合作讨论相结合。

小组合作学习、团队合作学习、更多组织形式的研究、各种形式的合作等，作为一种组织性较强的研究合作形式，在社会上已经被广泛使用并推广。一般情况下，每名学生可参加 3～6 个学科教学指导课题组，因此具有一定学科教学研究专长的相关专业人员是急需人才，要聘请一批这样的人去担任各学科教学指导课题组的组长以及助理教师。学校的学科教研组织工作中，每一名参与成员都有自己独立开展的学科研究任务，同时活动中既有研究分工，又能充分沟通及配合，最终他们能在活动中充分合作以扬长补短。

个别的一些自主组织的研究性学习，推荐采用"开放长作业"的研究方式，即教师将自己设计的具有研究性质的学习活动任务分配到各班，同时提出一些全面的自主研究性学习课题，甚至可以不由教师来确定研究范围，而是发挥学生的积极性，由他们去决定具体的研究课题，并交由学生去组织这次研究性学习活动。完成一次研究性学习准备任务的时间跨度可以是几个月甚至半年。

采用教师个人主题研究与全班集体研究讨论相结合的研究形式，全班需要围绕一个个人研究讨论主题，努力收集研究资料，开展个人研究讨论活动，获得新的结论或研究形成新的观点。通过会议，全班同学可以进行集体小组讨论或专题辩论，分享初步研究成果，从而促进全班同学在自己班级原有研究的基础上继续深化研究，然后进入第二轮集体讨论，或者在本次讨论上完成自己的研究论文。

3. 根据研究性学习的任务和范围来分类，从实际任务学习的角度，许多学者将其分为两种学习类型：任务认知学习和非研究性主题学习。包括对科研成果的分析、描述、判断、分析和解释，对科学规律的分析和探索，条件的确定，对机构运动原理的分析和探索，对影响因素和具体因果效应的分析和认识等。

4. 根据研究性学习的条件和特点进行分类

从学科发生的学习条件的不同角度来看，大致可以分为普通大学学科研究课程、专门学科研究课程和大学学科课程之外的专门研究三种学习类型，也可以分为教师指导研究和学生完全自由独立研究两种类型。

其他科研人员从心理学角度总结了各种研究型本科学习的基本特征，主要可分为五个方面：

（1）询问研究问题：鼓励学习者充分投入时间研究和探索各种基于科学的学习问题。

（2）研究和收集分析数据：鼓励学习者高度重视科学证据在解释、分析和评价各种科学学习问题中的重要作用。

（3）解释形成其他解释：鼓励学习者根据不同的经验解释形成不同科学类型的其他解释。

（4）综合评价解读结果：鼓励学习者根据他人的解释综合评价自己的其他解读结果。

（5）讨论结果的分析和验证：鼓励学习者通过交流和讨论来验证自己的其他解释。按照将研究性科学引入理论研究实践经验的一定比例，科学研究型理论研究分为"完全研究型研究"和"部分研究型研究"。只有完全具备科学研究型理论研究全部五个基本特征的人，才能发展成为完全的科学研究型理论研究。

（三）研究性学习的过程和特点

1. 研究性学习的过程

一般来说，研究性语言学习的实施可以分为三个主要阶段：基于人口的问题研究阶段、探索和解决问题的阶段、语言表达知识交流的内化学习阶段。在整个知识学习过程中，这三个阶段的知识并不是完全不可分割的，而是相互交叉、相互作用的。

2. 研究性学习的特点

（1）自主性

研究性学习模式改变了过去要求学生被动接受的传统学习生活方式，使更多的学生能够积极探索、大胆尝试，使个人利用自己的创造力充分发挥潜能。它把学生的学习需求、学习动机和兴趣发展放在教育的核心价值位置上，鼓励学生积极参与选择和探索。在学校规定的研究时间内，从提出选题、收集研究资料开始，到最后撰写研究报告和展示研究成果，每个学生都必须自己做决定。他们不仅拥有为师生选择课程内容和教学方式的一切权利，而且自觉承担师生实现学习和生活目标的一切义务，从而真正确立了师生学习的社会主体性地位。

（2）开放性

一是加强研究内容的广泛开放。研究型本科学习的研究内容不局限于基础学科知识的具体理论体系，甚至可以包括针对每个学生的本科学习的实践生活和实际社会实践，研究解决学生经常关注的一些人类自然科学和社会科学问题，或者研究学生可能感兴趣的其他社会问题。在同一个研究课题下，研发视角的确定、研发目标的正确定位、切入点的正确选择，都可能因为每个人的研究兴趣、经验和实际需求而大相径庭。

二是推进研究资源全面开放。由于需要深入研究的教学问题大多来自学生的日常生活和整个现实的社会世界，因此此类课程的教学实施在很大程度上依赖于高校教材、教师等信息技术资源，相关信息可以通过市场调研、访谈、上网等多种信息渠道获取。

三是推进组织教育改革开放。每个本科生可以根据自己不同的研究特点做出自己的选择，也可以一人独立进行研究，也可以多人组成研究工作组，或者集体攻关。成员之间的分工也可以随着学生研究和发展的不同阶段而不断变化。

四是科学研究对时间和空间高度开放。可以在课余时间、校园、校外、家庭、社会进行，不受时间和空间的限制。一般来说，学生的学术研究教育和学习从课堂活动延伸到课外活动，从进入校园、社会延伸到国际社会，从而实现了课堂与课外活动、学校与社会的有机联系。

五是加强研究报告成果的收集和开放。研究型理论学习是指让不同的本科生根据自己的科学认识和熟悉的科学方式方法，积极研究和解决科学问题，让不同的本科生在自己的科学思维表达中，根据自己需要掌握的科学能力和科学数据，综合得出不同的研究结论，而不是一味追求研究结论的唯一性和规范性。教学成果的表现形式多种多样，既可以是教学论文和调查报告，也可以是教学模型、图片、音视频、多媒体课件等。

（3）实用性

研究性课题研究主要强调社会理论与当代社会、科学和社会生活实践的密切联系，引导学生关注我们的现实生活，接触我们的社会经济生活管理实践，参与各种社会管理实践讨论活动并关注社会环境、现代科学技术对当代社会生活的重要影响以及与我们社会经济发展密切相关的重大社会问题，为引导学生深刻认识当代社会，增强学生社会实践责任感提供有利条件和多种可能。

（四）研究性学习的目的

研究性学习的根本目的可以从两个角度来理解。一方面，积极开展研究性学习也是教育学习活动主体的根本目的；另一方面，积极倡导研究性学习也是推动国家、学校等各类教育活动主体不断进步的根本目的。

从定位人类学习活动主体来看，倡导研究性学习一是不断适应现代社会对自己学习角色定位的期待；二是不断满足自己强烈的好奇心和求知欲；三是不断发展自己的学习个性、兴趣和学习特长；四是不断体验并获得成功感和成就感。从国家和学校作为教育教学主体的现行政策来看，倡导学生开展"研究性学习"的主要目的是不断改变学生的社会学习和生活方式，丰富其社会生活实践经验，培养其健康人格、创新创业精神和社会实践创新能力，使学生的素质教育得以实现。

　　无论是学习主体，还是教育主体，开展研究性学习的目的不是为了产生具有社会意义的新发明创造，它不能也不应该承担这样的任务。事实上，绝大多数学生的理论研究成果非常不成熟，有的只是重复已有的研究结论，但这并不能阻止我们充分肯定学生开展研究性学习在学校生活中的指导作用和教学价值。因为在中小学开展各类研究性学习的真正意义在于为学生构建一个全面、自由、充分、充满根本人格的学习生活环境，从而促进其学习生活方式的根本人格转变，培养学生的自主创新创业精神、实践创新能力，树立健全的人格，以充分适应中国特色社会主义现代化建设、实现中华民族伟大复兴的实际需要。

二、研究性学习作为一种教学策略

（一）作为教学策略，研究性学习的含义

　　研究性学习作为一种学科教学策略，是指教师通过组织一种引发、促进、支持和引导全体学生的研究性本科学习实践活动，指导完成某一学科教学研究任务的学科教学指导思想、教学模式和教学方法。这种综合教学策略通常可以称为"研究性教学策略"，而需要实施这种综合教学策略的学科教学通常可以称为"研究性教学"。这完全是基于素质教育，特别是基于培养学生创新创业精神和学生实践创新能力的德育价值理念而不断催生的全新德育策略。

　　教师对研究性教学策略的选择与学生参与研究性学习和实践活动之间存在着相互依存的关系。教师主动实施新的研究性教学策略的主要目的是鼓励学生积极开展新的研究性学习教育活动，利用传统的研究性学习教育方式，进入学生主动学习的主动状态，即"研究性学习状态"。

我们通过进一步研究发现：学生的研究性学习，处于研究性教学策略情境下或专设研究性学习课程情况下和学生完全自由自主条件下，这三种情况是有不同特点的。第一种和后面两种的区别比较大，其表现为：

1. 研究性教学策略情境给出的研究对象主要是课程中的问题，而后两者所研究的问题来源就相对广泛，可以是自然、社会和生活的实际，具有很强的实用性。

2. 研究性教学策略情境所给出研究的问题基本都是由问题情境引入的，问题本身却缺乏一种真实性，而且经过处理，问题已经有了基本的结论或明确的答案；后两者从研究的问题的选择上，就可以看出事件的真实性，很多就是在学科发展与社会现实中真实存在的，还没有被解决的问题。

3. 研究性教学策略情境的"研究"存在局部、多样、灵活的特点，不一定会有很强的计划性，不能保证留给学生的时间非常充分，所以研究的环节与过程也具有很大的随意性，很可能不是特别完整；而后两者的特点是有计划的、长期的、基本完整的，和科学家的研究非常类似，只是深度可能达不到那个层次而已。

4. 研究性教学策略情境下，教师的组织、指导和调控能力会得到充分发挥，而后两者则是学生完全自由自主地发挥很强的作用，老师的作用体现得不明显或根本就不体现。

5. 研究性教学策略情境下，参与者的表达和交流一般情况下是非正式的，比如发言、展示等，主要以口头的和一些辅助手段为主，也比较随性；而后两者的表达和交流一般会比较正式并且规范，往往规模也会比较大，如论文、网页、小合集等形式。

总而言之，专设研究性学习课程条件下的学生的研究性学习对过程更加重视；而完全自由自主条件下的学生的研究性学习对结果更加看重；研究性教学策略情境下的学生在老师指导下完成的研究性学习的过程和结果都会受到重视。

学科研究性教学有丰富的素材，由教师组织引导学生积极开展学科研究性学习。在学校基础学科中积极开展这种研究性课程学习，有利于充分调动学校各学科教师的学习积极性，有效解决学生长期从事研究性课程学习的主要教材和教学载体设置问题，有效充分利用学校现有教学课时，解决部分学生学习负担过重的教学问题，有效提高远程学习研究的教学质量。更有利于有效克服传统基础学科学习与现代研究性课程学习教育模式相悖的现实问题，对持续培养从事研究性学习的学生综合能力仍具有独特的参考价值。

（二）创设研究性教学问题情境

在心理问题活动情境的教学创设研究过程中，教师首先要关注学校研究性课堂学习中引导学生进行思维和心理活动的几个主要基本方向。

1. 证据。我们知道什么？我们怎么知道？证据是什么？如何相信？

2. 观点。我们从谁的角度看、听和读？你从什么角度判断自己的位置？我们现在听到的是谁的声音？它的抽象描述或真实想象从何而来？

3. 联系。事物、事件或人之间是如何联系的？原因是什么？结果如何呢？事物是如何结合在一起的？我们还知道什么来适应它吗？

4. 推测。有什么是新的？什么是旧的？如果……会怎样呢？不然能这样吗？有什么变化吗？

5. 适用性。那又怎样？它为什么是重要的？这一切意味着什么？有什么区别？谁在乎呢？我为什么要在乎？

这些问题构成了一个系统。以此教学体系为教学基础，教师和全体学生可以根据各学科教学的基本内容和具体内容，发展和发现适合自己的基本教学问题。基础探究问题总是在具体探究方向的设置中驱动着具体的课堂教学探究过程。通过让所有的学生都专注于具有重要意义和结果的基础问题，一种以集中探究问题为主要特征的活跃的课堂气氛逐渐出现。

但是，如何发展的基本问题呢？根据格兰特·维金斯的说法，基本问题的标准是：

1. 它们指向一个主题或话题的核心，特别是有关它的争议。

2. 它们可能成为可能导致许多不同可能的科学答案和观点以及其他科学问题的主要研发方向。

3. 它们在旧知识、旧思想、旧文本中加入新思想，创造熟悉的陌生人或不熟悉的陌生人。

4. 作为"屏蔽"的对立面，它们导致发现和披露。

5. 它们引起加深主题的兴趣。

6. 它们的设计有争议，令人兴奋，引人入胜。

维金斯建议，基础问题的选择应从以下几个角度考虑。如果课程内容可以视为关键问题的答案，那么这些问题是什么？如果问题数量超过教学时间限制，主要问题是什么？维金斯还建议，基础问题的设计应该关注奇特的历史争议、反直觉的事实和两难推理。这些标准为教师思考什么内容最适合提供了一个起点。是不是反直觉？真的是两难吗？奇怪吗？维金斯还指出，基本问题也可以从教师可能用过的题目中抽取。

这不仅是研究性课堂教学，也是创设问题教育情境教学的第一步。它为我们打开了一扇门，带动学生深入探究教学问题的情境。课堂教学自然从学生熟悉的教学内容中逃离了给予和接受，进入了学生自由实践、自主探索的未知领域；教学工作的重心从教师本身转向教育学生，转向更具建设性的教学方法，要求学生不断发现教学问题的基本原理和教学意义，探索和解决问题，不断完善自己，这总会给人以深刻的精神满足感。

当然，如果教学过程是以提出和探索的基本问题为线索来组织的，就没有足够的时间来"覆盖"教师和学生过去所做的一切。不可避免地会从整体教学内容中砍掉一些话题。你必须认真地考虑：应该保留什么？什么可以丢弃？你课程的基本内容是什么？什么会让学生朝着研究性教学策略所指向的目标前进？毫无疑问，探索一个基础问题会花费很长时间，但也更深刻，学生会得到一些在传统教学情境中不可能得到的东西，但对他们来说却非常重要。这是教学范式的转变，也是一个新的方向。

三、作为课程的研究性学习

笔者接下来对研究性学习课程的内涵、特点、价值取向、课程建构、目标以及专设研究性学习课程等问题进行探讨。

（一）研究性学习课程的内涵

从发生学的基本观点上来看，知识发展基于人们生活经验的自然积累。当这些经验不断积累发展到一定成熟程度，得到更多年轻人的广泛认可、检验时，便逐渐形成新知识。有了这些知识，人们在人际交往中把它们传授给其他人，这便产生了知识教学。最原始的教学通常是发生在农业生产或者劳动的现场。专门的教育学校产生以后，课程就随之出现。课程建设使课堂教学更加专门、系统，它大大增强了课堂教学的整体目的性、计划性。课程教学是基础知识与实践教学活动产生以后综合形成的，因此它从一开始就以知识为本位。

我们所说的传统意义上的课程，一般指的是教学内容及其进程。更加具体地说，课程指的是通过教学内容的教授从而影响学生的一种方式。这种理解，凸显了"知识本位"，即强调的是学生对教学内容的掌握、运用等。在传统意义下的课程中，学生在需要掌握的知识面前是被动的，显示出的是无能，甚至可以说学生成为知识的奴隶。为了改变这种弊端，人们提出了许多针对性的策略，如杜威的"从做中学"，布鲁纳的"发现性学习"，这两种策略都强调由学生自己去体验知识的形成过程，进而去发现需要掌握的知识的本质。这两个策略也是研究性学习开展的重要理论支持。

○ 学习与研究：教育可持续性发展的推动力 ●

如果想要更加深入地理解研究性学习的内涵，那就需要我们从"研究"的源起考虑。我们要明白知识产生的途径，即人们在实际生产、生活、劳动中进行经验的积累；而人们的研究又产生于何处呢？研究是人们对事理的专门认识。可以这样说：知识的产生源于人类有思维、有记忆的本能，而研究的产生源自人类主动、专门求索的能动性。知识具有专门性之后，又促使大规模的研究随之诞生。研究的产生对人类的发展产生巨大影响，它让人对世界的认识更加深刻、更加专业，从而指导人们去更好地改造世界。研究具有以下特点：

　　1. 深刻性。研究不是无源之水、无本之木，它必须依托客观存在的事物或材料，并且对这些事物与材料进行分析理解，从而形成有本有源、富有理性的认识。通过研究得到的认识与一般性认识存在很大差异，研究得到的认识多具备纵向和横向两个角度的结论。

　　2. 专题性。就是对事物有着专题的析理。

　　3. 主体性。研究的一般公式为：主体—研究—客体，所以研究者的主体性有着比较鲜明的体现。

　　4. 广泛性。在研究对象这个方面，研究的取材范围非常广。

　　如果人们开始研究，那就意味着，人们开始接受并且掌握已有的知识，通过内化为能力，熟练运用已有的技能，创造新的知识和能力，并且为之努力。可见，开展研究对人的发展具有极其重要的功能。这也因为，在开展实际研究的过程中，人们往往能充分地发挥自己的潜能；通过自己的研究，可以使人能更加深刻地认识事理，使人更具有主体性。同时，研究也具有很大的创造价值。研究开始前，人们一般就会对研究内容的相关背景知识进行深刻认识，研究过程中，人们会不知不觉投入其中，这时人的注意力就较为集中，思维活跃，也就更容易促使新的观点产生，顺理成章地得到新的结论。

　　现在，我们大力提倡主体性教育与创造性教育，也正因为研究具备的强大的发展功能与价值创造能力，人们会积极地去把它与教学、课程、学习等教育学范畴相结合。通过对知识与研究发生的理解，我们认为，要想从根本上改变传统的"知识本位"，必须用研究的观点、方法去改造传统的课程，从而形成研究性学习的课程，使研究所具有的特点与课程相融。我们可以通过对研究的认识，得到一个结论：研究性学习具备研究的特点，其本质就是为了培养学生的创造性，实现学生的素质提升。

人们对传统课程弊端的认识不断加深，并对其进行了改造，促成了研究性学习的产生。人们对研究的特点的总结，对人发展促进功能及其创造价值能力的认识不断加深，也促使研究性学习的形成。传统课程中，学生学习知识是没有错的，错误的是"以知识为本位"以及随之产生的学习方式。所以，在课程的改革过程中，我们不能全盘否定传统课程，要防止矫枉过正，而应该以传统课程为基础，在现代教育理念的指导下，使课程得到更好的发展。也有人认为，研究性课程仅仅把"以知识为本位"改变为"以经验为本位"。如果研究性学习只是以经验为本，那么其与杜威的"从做中学"毫无区别，这样会导致研究性学习课程具有一定的局限性，它也就无法成为主流教学课程的行为。我们明白，经验所强调的是直接体验，可是想让学生什么都去亲自体验根本不现实。因此，研究性学习对经验积累和知识的掌握两个方面是同等重视的。

研究性课程同样也强调学生的主体性。课程要以教学知识内容为基础，但又不能完全等同于教学内容。教学内容对学生产生影响，是它转化成课程的条件，也是很好的时机。一般的教学情境中，教学内容影响到了学生的行为系统从而形成了课程。而我们也要明白构成课程的首要因素就是课程内容，其次才谈得上课程主体，最后才考虑课程的运行过程。而传统课程观认为，课程从一定程度上讲就是教学内容，在传统的课程行为系统中，学生的地位十分被动。而研究性学习课程行为系统，和传统的课程行为系统大不相同，其结构有很大的变化，它也不认为教学内容就是课程，只通

　　　○　学习与研究：教育可持续性发展的推动力　●

过教学内容去影响学生，而是调动学生主动性，让学生积极探究，促使学生新知与旧知的完美结合，通过实践促成理论的总结，通过理论的内化形成实践的能力，两者完美结合，从而实现学生的自我发展。

现代心理学研究表明，人的心理发展不是外塑的结果，而是一个不断自我建构发展的过程。传统课程具有强大的塑造性与雕琢性，学生成了传统课程目的与手段的客体，学生一直被动地、过分地处于被塑造与被雕琢过程中，这是一种畸形发展的状态。研究性学习课程就改变了这种状态，它从根本上消除了以往课程的强迫性，同时让学生的自我建构贯穿始终。因此，研究性学习课程的运行是一个渐进的过程，对学生的影响和这个过程完美结合在一起。因此，我们可以说研究性学习本质是一种生成性课程。

至此，我们一致认为，研究性学习课程是通过理论知识与实践经验并重的学生主体性创新探究学习活动方式来最终实现培养学生的自我发展、培养他们独立创新探索精神的一种生成性学习课程。

（二）研究性学习课程的特点

首先，可以从课程内容、课程组织、运行管理过程、课程建设主体等方面，深入探讨我国研究性综合学习教育课程的基本特征。

1. 研究性学习课程内容的特点

（1）广泛的延展性

广泛覆盖是高校研究性本科学习教育课程覆盖的主要特征。研究性教育学习课程作为一种课程形式，具有开放性，这与研究性教育学习的整个课程教学形式必须具有一种广泛性，即在纵向和横向上，研究性教育学习的每个课程内容都必须具有广泛性和可延展性的教学特征密切相关。在我们的学科中，面对一门重要的学科，学生不仅可以深刻理解它的历史性特征和发展趋势，还可以深刻理解它的共时性特征和发展趋势。在不同的学科之间，学生不仅可以轻松打破其他学科的界限，还可以以学习综合科学知识的广阔视野，通过分析问题，解决实际问题。此外，广泛性主要表现为教学研究性课程学习中的课程理念可以从基础理论实践延伸到基础实践，再从基础实践回到基础理论。

（2）问题

基于问题的学习是一种研究性课程学习，也是课程内容以呈现问题的方式予以呈现的重要特征。与其他传统教学不同，研究性教育学习的学科课程内容不是预先确定的，而是根据每个学生在相关学科的教育学习过程中遇到的各种问题以及他们在现实生活和工作中遇到的各种问题来组织的。教师不是直接给每个学生提供学习资料，而是不断提出新的问题或启发他们，让他们提出新的问题。学生科研的整体性质必须在学习过程中围绕这个问题不断发展。

2. 研究性学习运行过程的特点

（1）亲历性

研究性学习课程在运行性质上突出的特点就是亲历性。传统课程的运行过程，多以教师为课程的执行主体，学生是课程运行过程中的实施对象。纵然课程进行的根本目的是为了影响学生，但因为在课程进程中学生更多的是课程的客体，也从很大程度上导致他们处于课程运行过程中"观众"的位置之上，而不能通过主体身份参与其中，从而获得课程行进中的最直观、最深刻的体验，也就是说，在传统课程中，学生是缺乏亲历性的。在研究性学习课程中，学生会亲历运行的过程，他们的位置始终处在课程执行主体上，如果没有学生这个主体的参与，也就谈不上课程的发生、行进了，也就是说，只有学生的亲历性行为发生，才会有研究性学习课程的存在。

（2）差异性

研究性学习课程在运行的程度上突出的特点就是差异性。学生个体有差异，在学习中也会表现出一定的个体差异性，包括智力因素与非智力因素两方面。这种差异性其实很早就被人们认识到，并且有所重视，如我国春秋时期伟大的教育家孔子就因为个体差异而提出了因材施教的教育思想。可是现实中，我国多采用班级授课制的教学方式，这是采用同样的方法去教育所有的学生，而这些学生却是不同的。研究性学习课程从内容的选择上，学生有很大的自主性，由学生自己做主，也不要求整齐划一的进度，而是给了学生很大的自由，由学生根据自身实际情况进行调整、把握。因为，研究性学习影响的结果，不同的学生收获不一样的结果。

3. 研究性学习课程的学科特点

（1）教师影响力的引导

研究性学习教育课程的产生、运行和发展离不开教师的教学指导。在真实的课堂教学中，教师的教学行为有明显的教学安排，即一个教师可以代替学生决定自己的教学内容和教学研究过程，教师的教学讲解和演示活动代替学生的语言表达和综合实践。在这种研究性学习中，教师对学生的综合影响主要表现在对学生研究活动的综合指导和对学生研究活动的综合评价方面。在学科课程的教学运行和管理过程中，校长和副校长可以与学生完全分离，学生甚至可以直接离开教师进行各种研究性学习。

（2）学生参与的主体性

学生既是一种研究性学习，也是课程正常运行中真正的学习主体。他们的独立性、主动性和创造性是保证这类学习课程顺利实施的重要前提。其主要特点表现在以下几个主要方面：自主研究课题由每个学生根据自己的实际教学情况自主选择；自主研究的教学方案由每个学生在教师的独立指导下，经过自己的反复研究和思考后确定；教学研究是自由进行的，如研究方法的自由选择、材料的综合应用、过程的进展速度，都是由每个学生自己决定的；教学研究中合作活动的对象由每个学生自主选择、自由组合；教研合作报告由每位学生自主撰写。

（三）研究性学习的价值取向

1. 科学与人文精神相结合

现实教育中，一提科学，有人就笃定地认为它就是指自然科学，也就是理科；一提研究就认为它很高深，一般人干不了，研究的事情都是那些专家学者的事情。这种认识是错误的，这种认识把研究性学习和那些自然科学研究或科技活动画上了等号，加深了研究的神秘感，让人望而却步。

恩格斯根据自己的标准，把科学分为三类：自然科学、社会科学与关于人的科学。因此，我们进行的科学研究的内容也自然而然地包括这三类，而且它们"应当在研究性课程学习中达到均衡与聚合"。长期以来，我国的基础教育，有着十分严重的科学主义倾向：重视研究自然科学，忽视对人文科学的研究；重视知识的灌输记忆，忽视科学精神的培养。所以有人总结传统教育，说其是"见物不见人的教育"。

我们可以逐渐认识到，只有科学与人文精神并重的教育才是全面、和谐发展的教育，才是我们需要的教育。科学精神包括科学态度、科学意识、科学能力等。人文精神包括健康的社会情感、道德感、艺术素养以及自我认识等。我们现在提倡的素质教育是知、情、意、行和谐统一的教育，研究性学习也是素质教育实行过程中重要的模式与策略，所以必须坚持科学精神与人文精神的统一。

2. 整体与个性发展相结合

整体素质的发展强调的是一般能力的提高，重视学科基础知识的掌握与应用。在学校教育阶段，教育的重要任务就是学生整体素质的发展。学生在学校进行的一切学科教育都是为了学生整体素质的发展，都是为了学生知识结构与能力结构的整体发展。

整体素质的发展有差异性，而这是由学生个性品质的差异引起的。学生的发展具有两方面：共性与个性。追求共性发展能保证整体素质的提升，而追求个性发展能够保证个体素质的提升。所以，差异发展是发展性教学的一个重要原则。如果没有了整体素质的提升，就不存在个体素质的提升；而个体素质的发展受限制，也会在很大程度上影响到整体素质的发展。教学价值并不都是正向的，同样也有负向价值的产生，只有使负向价值越来越少，甚至消失的教学才称得上合理的教学。而传统教学不是科学的教学，因为它的负向价值较为突出，它不尊重学生的个性特点，更谈不上去培养学生的个性，它奉行千人一法的教学程式，从而严重限制了学生个性的发展。所以，研究性学习课程应该摒弃旧有的错误观念，重视整体素质发展与个性发展的结合。

3. 主体性与社会性发展相统一

要解决这个问题，需要处理好社会本位与个人本位的关系。我国传统教育受到传统文化影响，奉行的价值取向是社会本位，学校教育追求"秩序""服从""中庸"，最后形成"大一统"，这导致传统教学课程以知识为本位，学生在教学中很被动，严重缺乏主体性。西方人奉行"个人本位"，追求"以人为本"，在其施行的教学模式中，则以学生为主体，以学生个性发展为中心。这两种思想都有自己的局限性，以社会为本位的教育培养出来的学生具有统一性，但缺乏个性、创造创新精神较低；以个人为本位的教育培养出来的学生具有强烈的个性，但容易出现个人主义严重的现象，表现为以自我为中心，缺乏社会意识、集体意识、合作精神。综上可知，只有把这两种文化思想沟通融合，在教学中做到优势互补，把社会中的个人和个人面对的社会放在同等重要的位置之上，并且同等强调，才能够让个人的发展与社会的进步齐头并进，以达教育最优之效。

现实的教育实验也证明，直接由注重社会性转为只重视培养学生的主体性，这样培养出来的学生可能会缺乏一些必要的社会性品质，如交往技能、社会责任感等。这告诉我们，在研究性学习课程的实施过程中，主体性发展与社会性发展不能只顾其一，而应该做到二者的有机结合。同时，我们也要明白，强调社会性不是一种折中方式，同样也不是主体教育后退的结果，而是学生的主体性要具有合理性。怎样实现这种合理的主体性呢？那就是必要的社会性兼具的主体性。其实，人们已经意识到主体性与社会性的联系，因为想要实现自己的主体性必然要与社会性结合，亦即实现社会中的主体性。每一个个体，其主体性的表现都存在适应与创造两个阶段。适应就是融入社会环境，亦即实现社会中的个体性，只有在这样的前提下，才能谈得上充分表现自己的创造性。一个人如果与社会格格不入，那就谈不上发展主体性。

（四）加强研究性课程学习和教育课程体系的基础建设

1. 研究研究性学习理论，构建研究性学习理论课程

师范生教育是未来中小学教育研究性教师教育理念和教学方法的重要推动者。因此，在我国师范院校组织设置各种重要的研究性教育理论与实践课程，具有深远的现实意义。在师范院校，开设与研究性综合学习相关的各种教育理论和实践课程是必要的，也是加强高校教师教育教学专业化的重要组成部分。通过研究，师范生可以对国内外高校研究性教育学习的基本含义、特点、价值、机制、主要理论和实践基础、国内外各类研究性教育学习的阶段历史和发展现状、研究性教育学习的工作模式和策略等有一个全面的了解。在我国师范院校中，为师范生开设研究性理论培训班是一个重要的前提条件。自 2001 年 7 月起，石家庄师范学院在其下属历史系的一个年级班和外语系的两个本科班开设了研究性文化学习实践课程，使学生对研究性学习过程有了全面的了解。在四个学校系统开设专题研究性教育学习试点课程的实践过程中，各级学校领导和全体教师充分认识到，如何提高学校教师在这四个方面的综合素质水平，是保证研究性教育学习试点课程顺利实施的关键。为在全校业务范围内大面积组织开设专业研究性学习与培训课程，今年学校决定从各系统抽调数名骨干教师参加学术培训班。也就是说，这些教师可以免费获得适合研究性教育的专业理论指导

课程。在中小学，可以定期给学生进行研究性教育专题讲座，让学生对学校研究性教育的研究目的、价值和方法有一个初步的基本认识。对于我国学生而言，研究性知识学习教育理论指导的课程建设应主要表现为为学生提供研究性知识学习指导方法的理论指导和为学生提供实践案例训练。

为使我国早日成功开设不同学科类型、不同知识层次的研究性理论学习相关理论必修课，我国高校应不断加大对研究性理论学习相关理论课题研究的指导。

2. 开展专题研究，构建研究性学习实践课程

除了学生的理论理解，研究性理论学习尤其应该体现在培养学生的理论实践上。因此，教师部门应积极引导学生组织开展各种教育专题研究。教育专题研究是以学生核心学术问题的讨论为出发点，以关注学生个人经验知识学习和学生研究行为体验为教学载体，旨在积极培养和提高学生自主创新探索精神和学生综合理论实践创新能力的综合性课程教学形式。特殊研究生的课程内容既可以是相关学科研究内容的整体延伸，也可以是相关学科研究发展的前沿技术问题和经济社会的重大热点问题；甚至可以只是学科理论实践的问题，也可以只是实际应用技术的问题。学生在选题时，可能涉及理论研究的前沿问题，也可能是现实生活中难以解决的难题。学生教育专题研究在项目选择上不宜难度太大，项目规模不宜过大。学科教学研究的最终结果可能是次要的。重要的是在课题研究过程中培养学生的科学精神和良好的智力及非智力素质。

在大学进行专题研究，可以实行导师制，由有经验的教师对学生的研究进行指导。在中小学，专题研究指导既是学科教师的责任，也是科学课、综合实践课教师的责任。某师范学校本科班学生，在任课教师的指导下，在进行专题研究方面卓有成效。全班39名学生，由24名同学组成的4个小组选择了合作攻关的课题，其余学生也都自选了课题。经过近两个月的研究，他们撰写了35万字的研究报告，内容涉及教育、教学的热点问题与

教学的诸多方面。有一组同学研究教学中的主体参与问题，他们深入到当地的各层级学校进行调查、了解，与教师、学生进行交谈。在此基础上撰写了3万字的报告，其研究结果出乎教师的意料。任课教师颇有感触地说："本科生只要指导得好，肯下功夫，研究水平甚至不亚于研究生。"

（五）专设的研究性学习课程

有人认为，在学科课程中可以开展研究性学习，在学生的课外活动和兴趣小组中也可以开展具有研究性学习特点的活动，为什么还要设置专门的研究性学习课程呢？它会不会影响学科教学，使学生负担过重呢？另外，在欠发达地区开设专门的研究性学习课程是否可行？我们的看法是：

1. 新的学习方式想要得到运用并且得到推广，必须依靠与之相对应的课程载体。经过巧妙处理，在一定程度上，原来的课程也能实现支持学生进行研究性学习的目的，可是受实际情况的限制，想完美实现这一做法难度很大。主要存在以下三个方面的问题：一是受到我国传统基础教育观念的影响，长期以来，我国传统教育习惯于"传授式教学""接受式学习"的教育模式，教师心目中的教学就是对知识、技能、概念、原理的详细讲解并灌输给学生，学生心目中的学习就是在老师引导下的习诵、模仿和做题，这种定势教学和习惯性具有强大的惯性，势必会顽强阻抗研究性学习方式的有效渗透。二是现有的"知识教育"为核心的教学模式的影响。尽管多年来，很多学校积极探索并主动进行课堂教学改革，也能重视学生的主体性，以提高学生学习自主性为目标，但依然以"知识教育"为核心，学生自主学习同样受到这个核心的影响，这种教学模式是为了让学生更好地掌握和再现书本知识而进行的，那些真正属于学生自己的时空还十分有限。三是在学校教学中怎样处理"打基础"（俗称的双基）与培养探究能力、创新精神的矛盾。这也是摆在我们面前的一个急需解决的新课题。如果处理不好，就会引起教学思想的迷茫和教学秩序的混乱，造成严重后果。针对以上种种，作为一个特区和试验田的研究性学习课程，如果能切实施行就能够较好地解决和避免上述问题。

2. 即使研究性学习方式在各门学科都有效开展，也存在设置专门的研究性学习课程的必要。这样做的原因是：独立的研究性课程和以探究的方式去学习传统的学科课程，是有很大区别的。主要表现在：（1）传统学科教学中渗透的探究性学习基本就是课程教学的某个环节，并且局限在课堂上；而独立的研究性课程中的探究性学习贯穿在整个课程实施过程中，其实施的时空也远远超出课堂。（2）传统学科教学中渗透的探究性学习，一般情况下是让学生通过一定的探究，去发现已存在于教材中的已经知晓的知识结论，而独立的研究性课程中的探究性学习所要探寻的东西在很大程度上却是未知的。（3）传统学科教学中渗透的探究性学习所要研究的问题基本上是老师所出示的，基本为封闭的学业问题，学习内容不具备自选性，内容也局限于某一学科的知识体系，学生与社会脱节等问题得不到解决；而独立的研究性课程中的探究性学习关注的内容是开放性的，基本上是现实生活中人们所遇到的实际问题，学生也可以密切联系生活以及社会实际，自选方向、自定课题、综合旧知、探求新知来进行更高层次的跨学科探究。（4）独立的研究性学习课程的开设，是对传统教育中以教师、教材、课堂为中心的教学模式的颠覆，使教学重心转到学生的学之上，要学生学会学习、掌握学习方法，教学过程转到师生共同建立、教学相长之上，师生关系转为平等、民主互相尊重之上，教学效果转到有效提高学生分析问题和解决问题的能力之上，教学模式转为学生独立自主、探索性学习之上，而这些转化在传统学科教学课程中基本无法或说是很难做到的。

3. 各地学校都有开设研究性学习课程的充分条件，每一个学生都具有创新、实践的巨大潜能。研究性本科学习综合课程主要强调学生充分利用本校、本地的各种高等教育资源，结合本校学生学习生活和其他社会主体生活实际进行选择教学研究课题，这就为不同教育地域、不同教育类型的高等学校因地制宜地组织开展学生研究性综合学习课程提供了一种可能。虽然不少学校也通过课外活动和兴趣小组开展了许多具有研究性学习特点的活动，如读书、调查、研究、表达、交流等，但这种松散的研究活动，一方面由于缺乏各种必要的支持和规范而容易流于形式，另一方面也可能成为少数尖子学生的专利，而忽略了大多数学生的参与和发展。实际上，学习成绩稍差的初中学生对探索性的欲望和对解决实际生活问题的反应能力不见得比别人差，我们应该为一切学生的健康发展创造出最佳的课程环境。

4. 传统学科内容滞后于社会发展，与知识经济的飞速发展形成了巨大的矛盾，这为研究性学习课程的产生和存在提供了现实基础。传统教育学科专业课程的基础教育教学内容还需要经过众多教育专家精心研究选择并经过一段时间的教学实验，这就促使它不可避免地远远滞后于现代社会的进步和发展，与人们现实中的需要还有一定的发展距离。虽然这种发展滞后教育状况凭借优秀教师的专业讲授和出色发挥，在一定很大程度上可以得到改善，但是随着我国信息化教育时代的来临，这种矛盾将愈加明显。学生为了能够适应社会快速发展的需要，也产生了通过新的途径和方法探究世界、获得知识的强烈愿望。研究性学习课程的产生，能够在一定程度上缓和课程内容滞后于社会发展的矛盾，满足学生求知和发展的需要，这也是它的本体价值之所在。

综上所述，"研究性学习"尽管有学习方式、教学策略和课程类型等诸多含义上的差别，但其核心点是学习方式，而教学策略和课程类型实际上是学习方式对课程、教学提出的必然要求。结合我们所处的时代和所面临的未来世界，可以清晰地看到，我国当前所倡导的"研究性学习"，其根本目的在于从转变学生的学习方式入手，培养他们的创新精神和实践能力，促进学生个性的健康发展，实现适应时代要求和促进人的发展的有机统一，这也就是研究性学习的时代特征和价值追求。

四、学校是教育的主要阵地

由于受不同历史背景的影响，我国高等教育的教学活动一直受到教育资源不足的严重制约。有一些受政治经济因素的影响，也有一些受当时经济社会发展和社会价值观念的制约。比如说，美国教育部和行政系统对教育问题进行全面控制，例如教师和学校资源。人事和财政审计局是负责教育管理的主要机构，包括学校管理部门和各级政府行政部门。有关职业教育培训的管理，不仅直接干预了中央和地方的职业培训问题，而且过多的职业培训活动妨碍了各级职业培训的均衡发展，体现了专业的自主性、多样性、开放性、整合性等特征。这一切非正常的校内政策和措施，必然会对学校教学活动产生长期的政治制约。要从根本上消除长期以来存在的教育不公现象，展望教育改革的美好前景。

为了确保教育教学自主性受到教师的尊重，学校及其教师应积极采取一些有效的方式。要充分发挥高职教育的自主性，在学校组织内建立校务决策机构，由学校组织与教师共同决定。校内重要机构、单位的设立和维护、教材的选择由当地政府或学校来决定。另外，教师的聘任也要由学校组织，充分发挥教师的自律性。

（一）自下而上的课程发展与教学改革

以前，课程开发主要是自上而下。首先，国家教育管理部门制定一系列课程，然后由地方政府和学校进行规划设计，之后由教师来实施课程，最后再由教务部门进行课程评估。

在这一课程开发形式中，教师始终处于被动地位，没有自主性和专业地位，学校的发展始终由行政机关控制。课程发展既无权利也无责任。只有重视课程实施的责任与义务，学校才能形成校本教研自下而上的课程开发模式。教育和课程改革的原动力是教师。每一位老师都是课程开发人员，他们可以根据他们所教授的课程、专业领域或知识制定课程模式。

教研可以结合学校和地方的特殊需要，农村学校可以根据当地的农产品情况编制地方教材。茶叶产地可以因地制宜地开发茶叶种植、采摘、生产、销售等一系列校内课程，结合生物学、地理、科技等技术进行设计。这些课程的开发是一种自下而上、具有地域特征的教学内容与其他学科相结合的教学活动。

校本教研在学校理念下，是对教育责任和权利的重新分配，是课程和教学的改革。在此社会背景下，以学校为中心，通过中央政府的权责再分配，对地方教育行政资源和权力进行评价，促进了课程与教学的结合。将给予地方当局和学校适当的权力和责任及专业自主权。

（二）校本教研的校本意义

1. 从教学到课程设计

其主要思路是希望学校能够承担课程设计和实施的责任，改变自上而下的课程开发模式。学校在传统课程开发模式中的作用是：它只是课程实施，而不是课程开发。校本研究强调通过研究开发校本课程。课程教学是学校的任务，如果学校让校外的人根据固定的方式模板进行教学，那么每所学校里的每节课的教学内容都是一样的，这就体现不出学校之间的差异了，学校之间的竞争力也就会减小，学生的学习动力也会下降。每个学校都有自己的教学特点和教学条件，这些不同的地方会体现在课程内容上，通过校本教研培养学校的个性。

2. 从标准到适应学生需求的转变

在校本教研的基础上，实现标准化课程向学生个性化需求转化。标准课程不能满足每一个学生的需要。从标准到适应学生需求的转变包括教学的有效性和可操作性，对于不同学校的标准课程，教师和学生应该做到：学校的教学与政策能改变课程标准，提高学校教育的效率。这是实现新课程可持续性发展的必由之路。

3. 从权力到责任

不少学者指出，课程的设计和决策不应该局限于某个领域。但是，我们不能将其他层次的课程排除在课程决策之外，只有当中央政府、地方政府和学校分别承担起自己的教学责任时，才不会认为它只是一种集中于中央或地方的机构权力；过去，由于社会原因，我们常常把课程决策看成一种权力，甚至一种完全综合的权力。当地政府和学校的权力比较小，学校和教师不仅要负责课程的实施和教学，还要负责课程的设计。

4. 从束缚到放松

学生是个性鲜明、有所差异的。教师要随时调整教学内容，帮助学生更好地学习。不管是学校还是教师，如果一所学校的发展被过于严格地控制，它是不可能做到良好的教学。就学校发展而言，权力下放是必然的。若将学校管理的分权扩展到其他学校，权力分散是不可避免的，学校仍应关注全体学生的学习和发展需要，这有利于基础教育的改善，有利于提高教育资源，满足学生学习与发展的需要。

（三）校本教研是学校发展的活水源头

教学改革是各国在新世纪的共同战略。在新世纪的课程改革和学校发展中，人才培养是各国发展共同的战略。大力发展教育已经成为新世纪学校发展的共同呼声，这是自主教育和科研实施的基本教学策略，为自主教育和科研提供理论依据。校本教研促进了整个学校教育体系的持续健康发展，为学校的可持续发展与进步提供了源源不断的教育活力。

准确地界定校本教研工作是困难的，但从当前的解释和理解来看，它具有以下核心特征：

1. 组织重建：学校是分散的、共同的发展战略决策。大部分传统学校受外力的控制，角色的重新定位将通过学校教学科研的作用，激活学校组织，激发学校活力。

2. 多元参与：在最初的教学结构中，主要参与者是全职教师，包括学校公共管理部门、社区工作者、家长等，他们可以为学校的发展提出建议，为学校的发展做各种研究。

3. 自主性和责任感：在学校拥有自主权、减轻地方和行政负担的基础上，开展学校自主研究，履行各项权利和义务。学校以自主权为基础，承担所有决定的后果。

学校要充分考虑自身的资源和存在的问题，做好校本教研规划，推动教育科研工作。

1. 为参加者做准备

教学研究的计划、实施和组织都需要有充分准备的参与者，也就是说，教研的参与者必须具备基本的专业知识和技能，而不仅仅是心理学知识，教育教学管理部门也必须从长远规划、支持、协调、发展等多个方面转变教育职能。通过对学校管理者与其他管理者之间的沟通和绩效评估，我们需要把教育角色从间接实施和管理转变为直接授权和沟通。校领导应转变成教育角色，由专业技术人员向教师转变。学校要成为学习型组织，鼓励家长和教师由"旁观者"转变为主动参与者，引导学生从被动的学习者转变成自主学习者。在校本教研工作中，决策者之间的冲突是不可避免的，在学校中要学会理性交流，避免情感对峙和排斥。学校成员不仅要"增加权力"，而且要"增加能力"，即建立学校学习机制，规划学校成员的发展，并提高教师和所有成员的专业技能。

2. 建立评价与自律并行的考核机制

考核机制是由家长与公众共同评价与学生自律能力评价相结合的学校教学科研质量。学生的自信心和自律性是建立公平客观的教育科研成果评价机制，同时是影响学校教育质量的关键因素。教学科研离不开学校文化的改革，必须与全面提高教育质量的理念相结合。

3.采取相关配套措施

要采取及时修订有关教育法规、推动家长参与、建立公平合理的激励机制等配套措施，使学校教育与科研协调发展。要营造一种全体成员参与、讨论和共享成果的组织氛围。

学校教育是学校建设强大生命力和持续健康发展的重要源泉。学校要有效地开展教学科研工作，主要任务是：一是在全校成员中形成共识，转变教育、科研的角色，不断推动学生积极参与；二是努力建设有利于教育、科研发展的教学科研中心，建立及时反馈的绩效考核机制；三是全面落实学校教育支持措施，研究有利于学校全面发展的支持策略。

五、教师：课程的真正执行者

课程的实施主体是教师，如果没有专业教师的积极参与和实施，课程就只能是理想教学，而无法真正促进学生的发展。

（一）教师是赋予课程理论生命的人

所谓理论，是由若干法则形成的系统，其中包含中立的假设和经验的定义。一般而言，前者注重对抽象的思想、概念进行研究和推测，而后者强调对现象、情况、事件的分析与研究，其目的、方法、结果都是不同的。若将其归类，则前者可视为一种哲学的、纯理论的、基础性的研究；后者则可视为科学性、实践性、应用性的研究。

教育是建立在人的生存需要之上的活动。要将其作为一门科学，必须脱离实践的特性，将其付诸实践。但是，在实际研究中会遇到很多问题，只有经过大量的研究，才能找到正确的解决方法。帮助人生存是教育的基本目标。从整体上审视教育现象，寻找一个完整的框架作为认识教育现象的基础，教育理论才有价值。

由此，教育理论包括教育的本质与目的等抽象内容，以及对教育实施模式等具体原理的研究成果，包括教法、教材、教学目标等。当考虑实施原则时，必须考虑其可行性。但也正因为其特殊性，研究方向存在争议。尽管理论家仍然强调理论与实践的结合，但是一线教师认为教育理论的影响过于深刻和间接，教育理论与实践之间日益脱节。教育问题不能简单而全面的解决，而是不断出现的。

　　实际上，这两个领域争论的真正原因并非理论本身的优越性，而是研究者与教师有着不同观点和立场。

　　对研究人员而言，学习观念、概念是长期实践训练的方向。教育是一项长期的行动，考虑问题的时候不能只顾着眼前的小问题而忽视了长远的大问题，只要教育还在发展，问题就会层出不穷。如果在进行教学活动的过程中，只关注眼前的一些小问题，那么即使眼前的小问题解决了，在以后的教育过程中这些小问题还会再次出现并演变成一种大问题。

　　对于实践工作者来说，教育是一种实践活动。教育学必须解决实际问题。教育是人的日常活动，追求教育的有效性是教育的目的之一。每一种创造都是为了满足自己的需要。即便纯粹的理论研究，最终还是要在实践中得到检验。另外，实际问题的成因也比较复杂。为了发现新的理论，甚至建立系统的理论体系，必须在这一过程中对此进行研究。它们紧密相关，必须相互补充。所以，我们必须将知识与实践相结合，并赋予其存在价值。其关键在于认识真正的研究者和教师，并将知识与实践联系在一起，即建立研究者与教师之间的密切关系。

　　就小学和中学教育的实际情况而言，最了解实际情况的研究者是学校教师，将知识和实践相结合的实施者也是学校教师，他们通过研究指导教学。总结高等师范院校教育理论与实践教学的实践经验，从发现问题、处理问题、应用理论、修正理论、解决问题、丰富经验、建构教师个人教育理论、实现教师个体教育的自我实现等方面，建立这样的循环，将让教师乃至整个教育事业展现出强大的生命力。这也是学校研究的核心。

但是，要使中小学教师能够开展研究，完成教学任务，必然会有人质疑教师的研究能力，即对某一学科进行深入、细致、扎实、系统的研究或调查，以发现和应用事实和理论。研究总是由某个学科来组织，研究过程是有组织的、有计划的，应仔细、彻底地监测反应。

本研究的定义表明，在研究中缺乏深入的知识，培训和课程设置的目的是为学生的生活做准备，中小学教师的学校教育不是研究的对象、范围或时间，而是研究的内容，发现和解决问题的勇气和决心是中小学教育研究发展的关键因素之一。

针对研究的条件，可尝试通过分工协作、教学协议注册等方法来解决。在教学中，可以根据学生的兴趣爱好，把不同兴趣的教师分组，让不同兴趣的教师参与到问题分析、理论学习、创造批评、实验复习等活动中，理论本身应具有普遍性和普适性，但教育问题的核心是人，人必须具有个性和特殊性。在日常教学或师生互动中，教师可以选择最有趣或最困惑的部分，记录日常主要现象或问题。假如我们从思考和批评之外寻找资源，如和专家、科学家谈话、阅读相关文献，我们相信我们能看到职业发展的新方向。

（二）课程改革与教师角色的转变

教师在改革开放后发生了巨大的变化。但是，伴随着社会转型的加速，教育改革也在发生着变化，教师的角色日益多样化。它与传统的单一权威教师角色有着很大的区别。

1. 教师角色转变的背景

我们国家的课程开发曾以自上而下的方式进行，课程主要由教育部制定。这是一本基于不同学科的标准教材，制作出不同主题的图书，教师逐渐成为阅读材料的"零售商"和"出口商"。教师在课程设计的实施过程中，长期处于被动地位，教师综合能力逐渐丧失。

（1）专业自主与专业成长的再概念化

近几年来，对中小学高素质教师"地位低"的质疑和担忧越来越多。在公共角色方面，教师的重要程度要高于其他职业，他们的自我形象和地位却相对低下。教师的职业地位危机感表明，传统的教师角色（特别是权威形象）在教学活动中被运用时，伴随着教学实践的变化，教学技术的专业化也得到了快速发展。首先，学校只有在教师的职业生涯中，积极做好其职业发展的战略规划，促进其健康成长，才能有效地提高教育质量，得到社会各界的高度认同。其次，作为现代学校组织的重要成员，群体管理在教师专业的正确引导和严格监督下，起到了较大的作用。这种"平衡"正逐步显现，教师在课程管理方面的自主性日益凸显。当代教师逐渐成为现代教育创新的"推动者"，教师社会地位的提高有赖于教师专业自主权的行使和教师专业素质的不断提高，逐步从发送者、执行者向组织者和开发者转变。

（2）校本化效果

近年来，教育发展观不仅对行政创新产生了重大影响，而且对课程研究与开发的新课题产生了重大影响。在传统的自上而下的课程开发模式的影响下，课程决策权的分散和专业知识的重要性日益凸显。教师课程设计与研究已成为一个重要课题。学校的发展将激活学生的作用，提高教师的专业技能，有助于满足社会的需要，为教育做出积极贡献。

（3）课程整合

经过多年的发展，课程和招生体系已经形成一个共生结构，学生、家长、老师都陷入其中，无法自拔。教育学出了知识，离开了生活，知识越来越分化，学校里的课程越来越多。课程改革中，应根据研究领域的不同，对相近学科的知识进行整合与共享。为减少学科、课程数量，避免课程过度，减轻学生的负担，教育机构正逐步由专业教学向综合教学转变，教师成为课程导师。

（4）发展学习型组织

教改是共同的目标，课程改革不可能一蹴而就，在当今社会发展中已逐渐产生组织智能。组织智能已经成为教育发展的必然趋势。组织智能主要体现在网络培训、合作学习、同伴互助等几个方面，它既是一种个人身份，也是一种群体认同。

（5）行动研究的动机

伴随着行动研究的引入，类似教育研究的研究已经成为一种趋势，如教育叙事、参与教育在基础教育中的应用等。前几次教育改革被称为"纸上革命"，其原因显而易见。教育理论与实践的差距过大，教育实践无法对理论进行检验和修正。所有适合教育实践的研究，都必须从行动研究开始，努力缩小理论与实践、现实与理想之间的差距。老师也可以进行类似的研究与合作，致力于解决当前问题。20 世纪 70 年代以来，教师逐渐成为研究人员，这促进了教师的专业发展，为教师提供了课程设计与实施的发展空间。从专业发展的角度来看，教师应该提高自己的专业素质。为推动教育或课程改革，教师应作为课程推进的一部分，积极参与课程开发。教师在课程整合与生存的过程中，不仅要传授具体学科的知识，更要在这些组织的影响下，成为学校合作的最重要伙伴。在众多教师成为研究者的前提下，教师应运用知识研究的策略，促进课程发展，提升专业素质。

2. 教师角色再定位

要适应新课改的要求，必须重新定义教师的角色，大致有以下几点：

（1）课程改革促进者

新课改由来已久，由高等教育管理部门、专家、科学家或专业机构组织的教师负责实施。课程改革必须是可持续的，并最终成为一种长期的发展。推动教育体制改革，激发活力。为此，教师应该转变为学校组织的课程改革促进者，积极促进课程开发，寻找更多的教材，提高教学质量。

（2）课程创建者

依据《基础教育课程改革指导意见》的相关规定，学校可以根据自己的需要制定新的三期课程管理模式。教学活动中，教师的自主性是重要的参照，而非唯一的参照。所以，过去"赶进度"的弊端不再存在，多媒体和信息技术的应用和融合也将不再存在。应降低对教材的依赖，满足学生的学习兴趣。为此，在课程设计的过程中，教师将更积极地参与课程开发，以满足学生个性化教育和个性发展的需要。

（3）课程和教学研究者

课程开发不是机械的程序，也不是单向的线性关系，而是整体性和系统性的有机结合，涉及学生的特点和需求、目标的合法性、实施方式和评价的合理性等支撑条件，可以说非常复杂，并且需要一个行动、研究和修改的过程。

（4）课程开发的协调者

课程开发涉及价值、权力等问题，各种观点之间的冲突、矛盾和障碍不可避免。同时由于各种教育资源的不同分配，以及教师和社会的参与，校本课程的开发必须有一个协调机制。在新课程的实施中，教师和学生是互动的主体，教师必须扮演知情的协调者，让学生在受尊重和个性化的环境中发展潜能。

教师是课程实施和教育改革的主体，而不是改革的对象。课程改革的进展表明了教师的重要性，但要赢得社会的尊重，教师必须走出在课程和教学中的被动角色。一方面，教师要努力学习，提高专业素质；另一方面，必须在学校课程的开发中充当改革的推动者和教材的开发者；在理论与实践的动态平衡中，成为课程与教学的研究者；成为知识、权力和价值冲突中的协调者。只有这样，教师才能走出专业地位低下的现状，成为真正的教育改革先锋和主力军。

六、校本教研：教学研究学习的三位一体

校本教研教学活动是学习、工作和研究三个部分共同组成的整体。科研的本质并不意味着科研有特定的理论方法，它是帮助教师提高专业知识和技能的重要手段。从促进学校教学的角度来看，校本教研不仅可以制订教学方案，还可以为学生开设教学课程。同时，也有助于提高教学质量，打造个性化、特色化的现代学校。

作为评价教学研究的理想教学阶段，学校研究活动必须有正确的研究方向，而不是以正规的学术研究为基础。但在校本教学实践的研究中，它是面向全校，跨越全校的。它不完全取决于教学实践或理论实践，还取决于教师的专业知识和教师专业发展的特点。

（一）学校教育与科学研究

近年来，教师研究越来越重视学校教研，这对教师个人发展具有积极意义，但学校教研更注重解决问题。团队合作、沟通、对话和批判性思维与以往的研究有着显著不同。日常话语研究是学术研究的先导。通过对学校教学和专业学术研究的对比分析，阐述了学校教学的基本定位及其对教师和学校的意义。学校教育作为一个学科的研究方向，与一般学术研究者所要求的定性或定量的科学研究并无不同，也不是一种行动研究。任何学校都有必要研究和解决教学实践中遇到的问题和困难，重点在于不断提高每一所学校、每一位老师的教学质量。

校本教研与学术研究的比较

教师和研究人员以高级教师为重点，科学家和专家为研究人员提供专业支持和更多的民主参与、合作与协商。研究人员的基本要求是有经验。研究水平高，需要专业的培训和丰富的经验。研究的目的是为了制定课程、

改进教学、提高教学质量、促进教师专业发展和学校特色发展，进行解释或预测，得出一般性结论。研究问题服务于实践，并由此产生。问题来自实际需要和现实场景。大多数问题来自文学或科学思维。文献讨论可以充分利用各种方法，包括资料法、总结法和理解法。我们需要深入阅读第一手资料，有一个全面的了解。研究和设计过程是自发和灵活的。目前对自变量控制、误差最小化、严格设计、干扰自变量控制、严格规划、分步实施、信度和效度的研究较少。数据采集采用简单可行的技术。应对收集信息和有效的测量技术进行初步研究或试验。数据分析简单，有很多原始数据，注重实用性，多解释主观观点，有助于批评者检验结果。分析技术复杂，给出了分析数据，强调了统计意义，应用结果强调了实践的可行性和影响，为改进教学提供了更多的信息，提出了进一步研究和应用的建议。报告的形式根据实际需要而定，没有统一的格式。与学术研究不同，校本教研基于合作、平等、协作的精神。在反思和批判的基础上，运用多种研究方法，不断进行研究和改革，以提高教育水平，推动工作。通过与学术研究的比较，我们发现了学校教育的八个特点。

1. 一线教师与专家组成合作团队，在学校基础上精心选拔教师和研究参与者；

2. 具有现场参与、公平对话、反思批评、建立合作共识、参与和尊重研究伦理的特点；

3. 根据研究目标和实际需要选择合适的研究方法和技术；

4. 研究设计要注重提高教学活动的有效性，充分利用资源和人力资源，与行政机关职能相适应；

5. 研究计划应系统化，可根据需要灵活调整，保证研究质量，满足实际需要；

6. 为了积累经验、培养人才、创造环境、保持团队、追求可持续发展，需要长期渐进的规划；

7. 不能只谈表面现象，还要触及深层心理结构和价值批判反思。要培养教师的专业素养和改革观念，培养体现自由的教师自我意识、价值观和生存环境；

8. 研究过程和结果的应用涉及人员、制度和环境的变化。因此，我们必须重视利益冲突和资源配置带来的争议和分歧。

作为教师具体关注的问题，学校教研活动并不局限于当下的行动研究，还包括涉及校外专业人士的研究和实践活动，包括专家、科学家、教育专家、社区专家等不同群体的成员，以及学校专家和相关部门共同开展的学校教研活动。这种合作的持续时间和形式各不相同。相比之下，专业学术研究人员与学校的广泛交流与合作，以及专业学术研究人员与学校的长期合作，都是学术组织或非专业学术研究人员偶尔被聘为特定学术课题工作。在这些不同形式的研究合作中，专业研究者并没有用自己的理论框架和传统的思维方式给予理论指导，而是从解决学校管理实际问题的角度出发，从整个学校管理的难点和问题出发。如果职业合作初期的职业咨询没有对学校的实际发展构成认真、具体、深入的研究、分析和调研，既没有与相关校长、教师进行咨询，也没有确立自己的指导思想，无论如何，我们不能称之为完全的"校本"方向。因为它脱离了学校和现实世界的具体情况，虽然有可能改善学校实践，但可能是教育研究和行动研究的区别。学校教学包含行动研究的一些基本要素，行动研究是教育研究最重要的方面，但这对学校的实际情况提出了更高的要求。

（二）校本教研与教师培训

校本教研是促进教师技能发展的最佳实践方式之一，能够有效开展实践学习和学校教研活动。校本教研的统一不同于原有的教师培训机制，可以超越原有的教师培训机制。

学校教育与教师教育的比较

校本教研中心教师研究中心的运营管理符合学校的研究标准，项目规划和管理由行政部门支持，教师参与较少。教师是被动的参与者，对教学内容、个人专业发展和学校效率不感兴趣。人们只关注解决短期问题，不关注教师的长期成长。

1．教师培训的困境

目前中小学教师强调自上而下的教学管理，教师自主学习的动力相对较弱。由于当地具有一定技术专长和专业知识的专家多为具有技术知识的教师，继续教育真正的学习过程仍然是技术知识和学习的"接受"形式。

传统教师经常外出学习并持续学习到一定程度，学习动力越来越弱。因此，教师的能量一旦用完，就需要及时补充能量，教师需要每天都为自己"充电"。就好比买菜，他们每天去菜市场买菜，买完菜后回到家中，开始做饭，做好饭吃完饭也就补充好了能量，但是菜一定会被吃完，他们吃完菜就又会再去菜市场选购。

诚然，在一些专业领域，人们往往认为遵循这种模式的教师出国留学特别有必要，因为专业科学家的任务不同，他们远远领先于其他教师。专家、科学家比其他教师更有能力，尤其是部分教材的信息获取和海外翻译形成了符合生态平衡的教学链条。

2．校本教研：超越继续教育的困境

针对教师岗前培训的困境，为了更好地理解如何摆脱这种恶性循环，有必要对教师岗前培训进行系统分析。学习应该是一个特殊的过程和活动，是一个不断变化的过程，是一个转化、升华、创造的过程。

由于教师教育的现状和继续教育改革的有限作用，越来越多的科学家和管理者发现，只有在这种情况下，教师的学习和继续教育才能继续。除非改变教师的核心价值观和被动角色，否则教师将"锐意进取，落后于人"。

学校教研的理念是，教师是研究者，改变教师现状的基本策略是增加教师的精力。在这门课程的教学和研究中，教师不再是唯一的受益者，而必须展现出优秀教师的专业素养。作为教师，必须认清自己的教学困境，找到切实可行的解决办法，让教师的继续教育走出快餐文化的恶性循环和困境。

七、摆脱平庸，走向超越：可以实践的梦想

本研究的出发点和落脚点是将自上而下的教学模式和课程开发模式转变为自下而上的教学模式。教学是课程发展和教师专业发展的中介，它帮助教师从日常课程开发中反思研究，并将这一研究应用于课程开发和教学。也就是说，课程的教研实现了教师与课程的互动，形成了良性循环，促进了和谐发展。

（一）校本的教学与研究一体化模式

在当前学校改革发展的大趋势下，学校教育和各种教育组织是贯彻以学校教师为主体的新型教育理念的主体。因此，教研成为学校教学与发展的有机结合。

在学习型组织方面，随着学校改革的发展，学习逐渐成为提高学校组织能力、适应社会改革发展需要的必由之路。因为只有在学校学习型组织中，学校全体成员才能真正、持续地参与学习，从而提升学校组织变革与管理创新的融合能力。课程研究和学习型组织是当前课程改革的新理念和新趋势。校本的教学和研究将进一步发展学校成员，并有助于课程的形成。通过发展教学行为和合作教学，教师可以通过课程开发和教材使用促进学生的学习和进步。三种反馈机制的双向反应和问题解决过程形成了一个完整的学习和锻炼循环。学习型学校是学校未来发展的方向和规划；校本课

程是可持续发展的具体产物，是一个相互依存、相互关联的系统。我们的教学和研究课程绝不是一个独立的个体。它与每个学校或学习型学校的教学和研究计划密切相关。由于学校的特点，它与社区学校的发展密切相关。通过学校教研的发展，各种因素的有效整合是促进学校教研发展、影响学校未来发展的重要因素。

（二）校本教研一体化模式的具体实践

目前，新课程正在全国范围内进行尝试和推广，各种新的理念和行为在实验领域蓬勃发展。随着时间和空间的变化，新课程的到来，特别是学校教育和科学研究的推进，未来学校的组织和运作也会发生变化。这将为学校的发展创造更多空间。

1. 学校行政层面

（1）建立反馈机制

研究性学习组织成功的关键在于教师和课程的学习与发展。只有认识到教师的成长，使课程和教师的发展符合社会、家长和学生的需求，才能提高教师的专业素质和课程质量，随时随地评价课程实施的有效质量，充分体现校本教研的有效性。

（2）采取渐进策略，避免排斥

为了促进校本教学和研究，有必要凝聚教师和全体教职员工的共识，保持他们的核心竞争力。教师和其他员工必须在短时间内掌握所有技能。因此，可以逐步在城市或地区实施学校教研，并推广到所有学校，利用成功经验的交流，逐步减少教师的疑虑。

（3）提供成长机会

大多数教职员工缺少进修和深入学习的机会，所以，加强学校成员的继续教育，为他们创造必要的成长机会，也是转变学习型学校的必要手段。

2. 学校教学水平

（1）提高教学专业性

提高教师在教学科研领域的专业素质是教学科研全面发展的基础，如加强小组会议、课堂观察和参观等。

（2）建立合作教学的共识和习惯

在学校组织中，教学体系始终强调专业自主，教师很难坚持合作教学。学校教育部门要正确组织合作教学观摩，使教师逐步适应合作教育，支持和准备合作教育。

（3）为研究提供物理环境和氛围

学习的氛围和场所不要严格限制，而是要有计划、有组织地营造良好的氛围，使学校的教研活动愉快，课堂交流和活动分享在轻松的氛围中进行；也可以在例会上发言，选择自己的话题，或者分享自己的阅读结果。

（4）鼓励校本教师的教学和研究成果

鼓励教师在教学环境中发现问题、组织案例、参与课程和研究，将研究过程作为学校教研的基石。

3. 学校与社区的关系水平

（1）鼓励家长积极参与学校发展

目前，中小学正在组织各种形式的组织教育，如家长会、教师会等。很多家长非常愿意积极参与学校的发展。召开家长会，成立家长读书会，可以为家长参与学校事务、发展学习提供良好的机会。

（2）合理利用社会资源，为师生提供学习资料

学校在社区开展广泛的区域性社会活动。除了来自父母教育的社会资源外，还有许多来自不同教育背景和生活方式的专业人士，以及不同社区的人士和场所。校本的教学和研究可以为教师和学生的学习和日常生活提供必要的心理和技术支持。校本的教学和研究可以为教育研究和学校发展提供必要的支持和促进。例如，特色的校本的教学和研究可以使地方特色

和习俗成为学校课程的重要组成部分。

4．有本级教育行政机关

教务支持是学校和教学科研的重要推动力，教务必须在多方面共同努力。

（1）大量的资金补贴

在资金来源上，除了国家资助，各种社会专业组织和资助协会也可以通过工商企业为学校提供必要的资金。教育行政部门为学校提供资金支持，积极帮助学校解决实际困难。

（2）采取激励措施

为了鼓励教师参与学校的教学和研究，可以提供各种激励和奖励来激发组织成员的学习动机。

（3）实施授权和责任履行

加强区域学校招生，推动"校本"学校发展，通过学校绩效责任履行评价，提高学校组织成员的实践经验和学习机会。

（4）加强宣传

拓展思路加强学校与学习型社会的公共关系，编写相关宣传资料，宣传学生和家长参与的理念，将学习理念融入教育环境，建设学习型校园和社会。

如果我们不从历史中学习，我们就必须重复同样的历史。如果我们不改变未来，我们将被迫与之共存，或者更糟。其实，老师和学校并没有完全失去把握未来的机会，继续学习和课程开发也没有那么难。只有学校才能将精神文化和学习的内涵制度化、组织化。许多学校已经开展教学多年，教师享有更大的专业自主权。所以学校的教学研究并不难，老师和学校可以打消他们的疑虑。教师本身应该将课程开发视为成长的机会，而不是额外的任务。学校鼓励教师进行教学研究，为教师寻找信息。

第二节　学习的方法

一、教学策略概述

（一）教学策略的内涵理解

1．对已有相关研究的分析

对教学策略的深入研究，最早在 20 世纪 60 年代初期受到国外教学策略理论界广泛关注。以美国匹兹堡大学的罗伯特·格拉塞教授为代表的一批认知系统心理学家开始尝试运用"教学策略"作为新的标志。这些认知教育心理学家把最有用、最具实效的高可操作性运动教育管理手段和教学方法授之于学校全体教师，进而通过现场实验观察，研究得出教师教学策略的改变对教师教学效果的直接影响。他们的一个研究团队取得了显著的研究成果，证明持续改善和不断提高课堂教学策略可能有助于教师不断提高他们的课堂教学活动质量。自此以后，教学策略的深入研究逐渐发展成为当前人们广泛关注的一个热点问题。尤其是当前，在先进教育理论与现实教育实践"两张皮"的现象无法得到有效解决的情况下，人们更是对教学策略的研究寄予了很大希望，希望通过这一中介层面，使先进教学理念转化为现实的教学操作行为。

但是，从目前的研究现状来看，由于研究者视角各不相同，因而也形成了对教学策略内涵理解的不一致。纵观教学策略从提出、发展到现在的研究历程，对这一概念内涵的理解大致可以归纳为以下两种观点：

（1）方法—模式说

这种理解把教学策略定位在可以具体操作的行为层面，代表了教学策略的微观教学领域的研究趋势，主要体现在国外一些学者的理论学说之中，以及当前教育心理学的研究之中。在教育学家托尔斯顿·胡森主编的《国际教育百科全书——教学（上）》中，认为"策略指的是想要达到预期效果的一整套行为"。从更一般的技术意义上说来讲，策略通常是为了达到某种战略目的而经常使用的手段或方法。

（2）思想—观念说

思想—观念说把教学策略定位在介于理论与方法之间，是两者之间关系的中介环节，而且接近于理论层面。如果说方法—模式说代表了教学策略的下位研究趋势的话，那么思想—观念说则代表了教学策略的上位研究趋势。从这一视角进行研究的成果在我国教育教学领域比较多见。举例来说，陈心五所著《中小学教学策略》，就提出了有效提高青年学生课堂学习积极性和主动性的教学策略，增加青年学生积极参与各类课堂集体学习活动机会的有效教学策略，课堂上重点照顾不同教育水平阶段学生的有效教学策略，优选适合课堂教学学习模式的教育策略，对课堂教学学习过程质量进行有效合理调控的教学策略，等等。

总之，从以上这些研究结果看，教学策略其实是一种具体教学指导思想和理论理念的具体化，既是一种较具体的教学思想理论，又是一种较概括的教学方法，可以把它大致看成一种引导教师在一定的具体教学情境中，运用一定的具体教学思想理论理念去研究解决某一具有实际性的教学管理问题的教育规则或教学原则。这一教学规则既可以包括帮助解决某一实际教学问题的教学规律理论，又可以包括帮助解决某一实际教学问题的各种带有教学规律性的教学方法，并且能通过具体的教学方法、手段和操作行为得以实现。

除了以上两种重要的理论观点，还有其他的理解。如有一些研究者观点认为这种教学策略既可以包括对外教的教学策略，又可以包括对教学的学习策略，但也有反对者观点认为学习策略已发展成为一个相对独立的实际研究发展领域，不应把它直接纳入这种教学策略的实际研究发展视野中；另外还有一些研究者认为这种教学策略方案是一种新的教学策略方案，是为了正确实施特定教学策略目标，完成特定教学目标任务所需要采用的教学方式、步骤和如何组织教学形式等多种教学策略措施综合构成的一种综合性教学方案。

2. 对教学策略内涵的应然理解

我们认为教学策略的方法—模式说，有其正确的一面，即强调教学策略的可操作性，这有利于促进教学策略的运用。但是从另一个角度，这种观点也确实有其偏颇性，教学策略毕竟不同于传统教学方法，教学方法指的是为学生完成一个新的教学目标任务，为实现教师的教和学生的学相互作用所需要采取的教学方式、手段和教学途径。它主要是确定教学策略在具体学科教学活动实践过程中的基本应用、操作的基本知识和教学技能等的基础，是实施教学策略的具体行为表现。把教学策略定位于此，仅仅揭示出了教学策略的一个方面。其实，教学方法的正确选择和有效运用不需要完全受制于各种教学策略。教学策略方法是教学方法的艺术灵魂和教学核心，具有教学方法论的重要意义。因为即使教师掌握了一定的方法，但如果在实际的教学过程中，面对特定的教学情境，不会使用或不知道如何使用这些方法，也无法使教学活动实现最大的实效性。因此，我们认为教学策略在外延上要大大超出教学方法的范畴。

根据以上分析，我们对教学策略已经有了一个基本的把握和认识。

首先，教学策略思想包含一定的整个教学策略思想指导成分，这一点是整个教学策略的理论核心和教学灵魂，是整个教学策略思想的一个具体化；

　　其次，教学策略具有可操作性的特征，它指导教育者在面对具体的教学情境时，如何操作及操作的步骤、程序等；

　　再次，教学策略虽需要具有一定的教学计划性，但更需要具有教学过程性，是必须伴随着具体教学活动而逐步展开的，而不仅仅是基于教学活动正式展开前的具体教学活动设计、教学实施方案；

　　最后，教学策略由于受一定教学思想的指导，因而要随教学进程进行不断的反馈与调控。

　　基于以上两种认识，我们基本可以把课堂教学策略定义为：课堂教学活动主体在一定课堂教学活动理念的正确指导下，根据自己对课堂教学活动任务及课堂教学活动情境的深刻认识和具体理解，为有效提高课堂教学活动效率，而对课堂教学活动强度进行有效调节和合理控制的一系列合理执行教学过程。

　　对教学策略具体内涵的正确理解，包含以下几层面的含义：第一，教学策略内涵是不具有一定层次性的，主要是它包括两个主要层面，即上位的教育策略教学理念引导层和下位的教育策略教学操作层。从抽象意义上讲，则是内隐理念规则指导下的教学方法的运用及对教学的适时适度调节和控制。第二，教学策略不同于整体教学实施方案或整体教学过程设计，它本身包含了元认知这个成分，即这种教学策略是整体教学过程执行的一个监控管理系统，教学执行主体在正确运用这种教学策略时，要经常对其进行自我反省和元认知，以利于实现对整体教学执行过程的正确调节和有效控制。第三，教学策略的合理选择和综合运用，最根本上也就是为了有效提高教学的活动有效性，它必然需要教学活动主体从教学活动场景的一个整体布局着眼，要同时兼顾教学活动的目的、任务，学生的身体状况及利用现有的教学资源，灵活机动地而不是机械地运用，以实现教学效益的最大化。

（二）教学策略的结构分析

教学策略可以作为课堂教学活动的组织执行、控制的一个系统，在具体的课堂教学活动过程中可以表现为各种教学方法、手段和课程教学的有机调节与教学控制的有机协调统一。从系统的角度讲，任何一个系统都是一种由各要素联合而成的完整结构，要素的结构方式不一样，会使系统产生强度不同或性质不同的功能。因此，要对教学策略有一个全面认识，有必要深入剖析其结构要素。在前面两章探讨教学策略主要内涵的理论基础上，我们一致认为，教学策略主要实质是由策略思想观念、策略实施目标、操作管理技术及学生元认知状态调控等四个基本要素综合组成。

二、研究性学习的教学策略理念

从对教学策略内涵特征的论述中我们了解到，教学策略是有层次性的，包括较概括、含有较多理论成分的上位策略和较具体、含有较多操作成分的下位概念。在这里我们把前者称为策略理念，而把后者称为具体操作策略。接下来，我们首先对研究性学习中具有理念指导意义的几条策略理念进行论述分析。

（一）活动性的策略理念

创新素质教育的正式提出标志着现代素质教育的不断深化，它使传统素质教育得以转变为一种强调对创新人才的本质性和力量的知识开发和能力培养，使学生自主创新能力培养得以充分发展的一条基本而重要的教育策略就是自己动手进行操作，让每个学生在"做中学"。毫无疑问，研究性创新学习教育是一种适应当前创新中学教育的一种有效率的学习教育方式，因而其创新教学策略主要强调结合活动、实践，强调要让学生在活动中做、在实践中学。

1. 活动对人的价值

（1）活动对个体存在的价值

现代哲学史的研究者们认为，活动形式是人类自然存在的基本活动形式，"人们的存在首先就是他的实际生活过程"。从这个意义上说，"人类的历史不过就是追求着自己目的的人的活动而已"。活动一般可以大致分为外部组织活动和内部组织活动，外部组织活动一般指一个人的身体动手动，如劳作、交往等；内部组织活动一般指一个人的自我认识和心理思维表达活动、情感表达活动等。外部组织活动指导是内部组织活动的基础源泉和基本外化，内部组织活动指导是外部组织活动的基本内化与外部指导。人每天的现实生活就是生活在这或大或小、或显或隐的活动中。因此，活动对个体具有生存的价值。

（2）活动对个体发展的价值

人是在活动中得以发展的。人作为有意识的存在物，活动本身就是他的一个对象性存在。在这种对象性教育活动中，感性认识不断上升为理性认识，获得对自然客观规律的正确把握，从而逐渐使自己从作为动物的被动性和适应生长状态下解放出来，进入一种积极主动的成长状态，获得自身的健康发展。

现代社会心理学家的研究成果认为，个体的自我认识能力起源于心理活动。皮亚杰从知识发生论和认识论的角度明确揭示了这一规律。他把知识划分为基础物理科学知识和具有逻辑性的数理科学知识。基础物理科学知识通过感知活动，从自己所作用的对象中获得；数理科学知识则更依赖于活动过程本身，是对活动过程的反思抽象出来的。他认为活动过程本身就是一个具有逻辑性的协调系统，"有一定的包含逻辑、一定的序列逻辑和一定的对应逻辑，这些就是数理逻辑结构的基础"，这些活动逻辑经过同化、顺应等机制转化为儿童头脑中的思维逻辑。

2. 活动性策略理念的实施要点

研究性学习教学的活动性教学策略理念正是以上述理论思想为基础的。与传统的传授式教学策略相比，它更强调知识的系统性和同一性。这一教学策略理念有以下几个要点：

（1）创设一个真实的教学活动体验情境

这样，就能让学生在这个活动中自由进行自主探究。研究性知识学习的形式教学活动与传统知识直接传授的形式教学活动不同，它特别强调让全体学生在探究活动中切身亲历、体会、探究自然的奥妙，在通过观察、提问、设想、动手和做实验、交流的教学过程中，主要促进少年儿童通过建构对自然及其发展规律的直观认识和视觉感受，体验和练习学会现代科学自然探究的基本操作方法，并在这种探究活动中不断促进少年儿童的全面健康发展，为我们培养新世纪具有良好社会科学技术素质的未来优秀公民人才打下必要的知识基础。

（2）强调活动的非结构性

传统的传授式教学也有活动，如练习活动、实验活动等，但这些活动都具有鲜明的结构性，即活动的目的、内容、条件及结果都存在于活动之中，而且有时是很鲜明的。如实验操作，一般是对教材结论的验证，练习活动也只有巩固性知识。研究性学习的教学，强调活动的非结构性，即让学生在活动中去发现问题，而不是巩固知识；解决问题的方法、已知条件等也不是现成的，需要学生主动创设、生成；活动的结果不是既定的，而是多元的。

（3）强调活动的主体性

在传统教学中的活动中，学生是处于被动地位的，教师是活动的主体。无论是课堂提问，还是作业、实验，学生都是在教师设计好的活动中，按部就班地展开；而研究性学习的活动策略则强调学生的主体参与，在主体参与的活动中去感受发现问题，探索解决办法，最后获得属于自我的知识。这种活动的主体性认可学生从已有的经验和知识结构出发切入问题、以适合自身的方式去解决问题的做法。因此，在教学理论实践中也就需要教师充分激发学生的自主学习兴趣需要、动机、兴趣，把它们引入活动之中，充分发挥学生的主体能动性。

（二）生活性的策略理念

1. 传统教学理论对"现实生活的缺失"

传统教学理论是排斥现实生活的。赫尔巴特以来的传统教育理论主要是知识教学占主导地位，而所谓的"知识"是从科学中推演出来的概念、公式、定理，与儿童的现实生活世界是不搭界的。后来，斯宾塞、皮亚杰、凯洛夫、奥苏伯尔等在具体教学问题上虽然有不同的理论观点，但从整体上都认为应把教学实践当成一门科学知识来进行看待，强调科学知识的自由授受、智能的素质发展和综合能力的双重培养，强调如何发展在校学生的个体共性，忽略在校学生的整体个性，以统一的教育课程、统一的学校教育实践技术手段把在校学生培养打造成具有统一标准的学校教育实践成品，忽视了对于学生自身个体的教育生活实践经验和社会情感性的培养，使得其在学校里的教育现实生活与在校学生的日常学习现实生活和社会经济现实生活之间走得越来越远。

2. 生活性策略理念的实施要点

（1）理论联系实际。把课堂教学中有研究性质的理论实践学习活动作为课堂教学内容的主要知识来源与现实生活活动紧密联系在一起学习。

从根本上来说，任何课堂教学内容都可能来自整个现实生活，教学过程中的许多基本知识、原理、规则都同样可以在生活中迅速找到教学原型。因此，研究性知识学习教育可以从传统知识、概念、规则的基本来源上和我们现实生活紧密联系，由传统的演绎式学习教学转变为现代归纳式学习教学，让全体学生深入了解不同知识相互发生的基本过程，参与所学知识的积累获得应用过程，体验不同知识间的"内部联系"。

（2）通过学习运用课中所学到的知识主动解决日常生活中的各种问题并主动实现与现实生活的相互联系

通过把初中所学的基本知识广泛运用于社会现实生活，学生可以通过内化、优化、重组初中学生的基本知识思维结构，加大所学知识间相互联系的运用强度，提高所学知识的综合可用和提取性，变"死学习"为"活学活用"。这种应用联系可以分为两种类型，一种是个别知识点、原理、规则的应用，这是低层次、浅显、直观的方式，如学生运用三角形稳定性；另外一种是综合知识结构的应用，这是高层次、综合、灵活的方式，对学生要求较高，如对河水污染的调查研究，这就可能会涉及物理、化学、生物学甚至经济学等各个方面的知识。

（3）在具体的课堂教学活动中为全体学生营造一个丰富的生活学习氛围，激发他们的自主探究学习欲望

在当前研究性学习异军突起之际，如何在新的课堂教学中也充分体现这一教学理念，显得尤为重要。我们一直认为现代研究性课堂学习的一个重要共性特征就是知识体验性。因此，在具体的课堂教学活动中，我们可以为全体学生自身营造知识生活的体验氛围，如通过运用角色扮演、游戏、语言形象描绘、图画形象表现等具体方法，为全体学生自身创设知识生活的体验情境，并通过体验和重新理解所学知识的基本价值和存在意义，使全体学生的知识不断发展得到极大提升，主体性意识得到全面性的建构。

（三）民主性理念

教学活动中始终存在两个不可忽视的个体，那就是教师和学生。从这

方面讲，教学活动其实是教师与学生间进行的一种双边交往活动。研究性学习教学的开展对传统授受式教学的社会学基础带来极大的冲击。在这个过程中，在师生关系的处理上，民主性理念的实施将成为保障研究性学习教学活动顺利展开的一个重要因素。

1. 传统师生关系

传统教育下的师生关系简单说来就是一种专制性关系，学生的主体性完全被教师的主体性覆盖，从而形成了一种上下等级森严、权威与服从的关系。这种师生关系的形成与其相应的知识论和传统的儿童观是分不开的。

（1）从知识论角度分析，传统教育下的教学对教学的基本理解就是向学生传授知识，学生要接受人类千百年积累下来的科学文化结晶，在此基础上学生实现自身的发展。这些积累下的文化结晶通过教材呈现出来的知识，传授给学生，它们是间接的、正确的、还要求学生必须掌握，而且是不容置疑的。而教学过程中学生个体所具备的直接经验是被忽视的、是需要修正的，甚至是被排斥的是不允许出现在正规教学过程之中的。在教学过程中，教师毫无疑问是社会的当然代表，也自然是知识的代表，而学生的定位就是一无所知，因为学生还没有接触并掌握相关的知识。教师向学生播撒知识。受到这种知识观的影响，师生间必然会产生那种权威与服从的关系。

（2）从儿童观的角度分析，传统的儿童观，对儿童的定位很低，认为儿童就是无知的、冥顽的，他们是需要改造的对象，是社会生活的边缘人，想要融入成人社会就必须通过手段使其受到教育，而教师就是这一任务的执行者。因此，在传统的儿童观下，学生自然是那些被改造的对象，而教师则是教育的实施者，是改造学生的主体。

2. 民主性师生关系

随着教育的发展，课程改革的深入，民主性师生关系的提出与建构也是必然的。

　○　学习与研究：教育可持续性发展的推动力　●

（1）从教育心理学来说，学生个体的内部知识不是教师灌进去的，而是通过学生生成的，有自我建构的过程。学生个体要从外部接收信息必须要与自己内部已存在、掌握的知识经验产生联系，并且完成相互影响、相互作用的过程，这样，外来的知识信息才可能被内化，从而实质性地纳入个体的整个知识结构中来，否则就只能死记硬背地机械记忆，不能形成知识间的实质性联系，这样的知识是孤立的，基本没有用处。

（2）现代知识论也使人们的知识论观点有所转变，同时也带动了教师观和儿童观的转变。知识是分为显性与缄默的，每个个体都存在着自己对生活的独特体验和理解，这是最为客观的直接经验。教师也不再是知识的唯一代言人、传播者，知识的获取通道更加广泛与便捷，特别是随着现代多媒体技术的发展，获取知识的方式更加多样化、便捷化、有趣化，这一切变化直接导致了教师的知识权威地位迅速下降，人们逐渐意识到"教师"的称呼，已经不蕴含任何权力的含义，更多代表的只是尊称，"学生"的称呼也更多代表了谦称。教师的富有表现在对原有知识的积累掌握充盈，并且具有更加深刻的人生经验，但同样也有对学生了解的贫乏；学生的丰富表现在作为学生所形成中的独特经验和行为的自足性，有独特的精神世界和自己对理想生活的追求，一样有对人类积淀的知识贫乏和缺乏人生深刻经验的贫瘠。就是在理论和现实发展的双重作用背景之下，民主性师生关系形成并且逐渐建立起来。

3.民主性理念的实施要点

在研究性学习过程中，民主性理念在实施中更需要注意以下几个问题：

（1）相信并且尊重学生

在研究性学习过程中，教师要扮演好指导者的角色，不能越位，牵着学生向前走，教师的指导要注意去引导学生的主体性、能动性的充分发挥。而且要注意，不要漠视学生提出的建议，不要禁止学生提出不同意见，不要讽刺学生的错误，因为这些时候正是学生思维激荡的时候，教师要站位明确、引导得法，以收获意想不到的教学效果。在研究性学习中，教师一定要充分相信学生的能力，尊重学生的人格，认真倾听学生的意见，了解学生的所思所想，掌握学生已有的发展水平，并且要充分肯定每一位学生所付出的努力，及时表扬哪怕是一点点的进步，对学生提出的推测、假设要采取延缓评价、指点，给学生信心，鼓励学生去探索、验证。

（2）教师重新定位

研究性学习中，教师和学生所面临的问题，对双方来说都是崭新的问题，而且没有确定性答案，解决方法也不确定，也就是说，解决方法是多元的、开放的。在这个时候，教师需要重新定位自己在学习中的角色。首先，教师要定位在帮助学生发现问题的角色之上。研究性学习始于问题，在其进行过程中，教师不要为了追求表面的顺畅进行而把所有问题都展示给学生，这样做就成了一种越俎代庖的形式，是教师对学生主体性的侵占与湮灭。教师应该教会学生提问题的方法，也就是要给学生提供相关的问题情境，培养学生的问题意识，分析问题价值，让学生经历发现问题的过程，逐渐提高学生自我、自主学习的能力。其次，教师要定位在学生研究过程中的指导者和矫正者的角色之上。研究性学习改变了教师直接给学生喂"鱼"的做法，而是要求教师引导学生掌握"渔"的过程，教师不要对学生有着过于严苛的要求，对学生的操作大为不满，从而导致在研究过程中的包办代替，而应在学生沉浸其中的时候，做好旁观者，学生遇到难点的时候做好指导者，要给出的是指导建议，采用的话语也应是协商式而非指令式，在学生长时间处于错误状态的时候，教师也要做好矫正者，对学生的方向做好指正。最后，教师应定位于给学生表现机会的设计者角色之上。民主性理念强调，教学中学生是当之无愧的主角，而教师不应该去抢学生的主角光环，而应该做一个设计者，给学生充分的自我表现的机会，搭建学生尽情施展能力的舞台。

（3）增强师生交流

传统教学通过教师的知识灌输来改造学生的知识，教学就是单向的知识传递，师生之间的关系也是单调且枯燥的，这体现出了教学中所存在的"霸权主义"。而研究性学习的民主性理念的实施，增加了师生之间交流的广度和深度，通过师生之间平等对话协商的和谐形式，来促使学生愉快地实现对知识的自主建构。

（四）合作性的策略理念

与传统课堂教学中鼓励学生个体之间的竞争不同，作为我国现代教学管理实践中大范畴教学中的一种研究性综合学习型的教学策略，合作性策略强调教师与学生之间的相互合作，强调在校学生的敬业团队精神，力图通过师生合作这一重要途径方式来有效促进在校学生的健康发展。

1. 合作性策略理念提出的理论依据

（1）交往理论

合作活动是社会交往的一种重要活动形式，现代社会哲学研究中的社会交往合作理论观点认为，交往合作是实现个人社会主体自我意识状态形成的重要活动条件。马克思分析指出："一个人的发展取决于和他直接或间接进行交往的其他一切人的发展。"在人际交往中，交往中的双方都从他人身上逐渐看出自我，以自我意识为最高尺度地去看待别人，从而逐渐形成自我意识和社会主体自我意识。同样，在人际交往中，人与物和人在精神上和人在物质上彼此相互创造着，交往本身就是创造人对物与人的一种加工，它有利于提高人的本质力量和种属能力。

（2）需要满足理论

需要学生满足基本理论认为，学校应该是满足一个学生基本需要的重要活动场所，学生一旦来到这所学校就要学习和享受生活，带着基本要求来满足自己真我自尊和精神归属的基本需要，而传统的竞争式教学策略，无法满足学生的归属需要，反而会导致学生之间的恶性人际关系。在这种班级学习氛围中，成功者在体验到成功之时，也会体验到对失败的痛苦；失败者则只能体会到失败的痛苦和无助感。如果在许多学生中间能够倡导一种团队合作式的共同学习活动氛围，则在社会上能促使许多学生为了一个共同学习目标而一起参与活动，并互相支持鼓励，强化彼此在成长学业上的努力，在相互理解交流、彼此相互尊重之中，共同参与分享自己成长的快乐。

2. 合作性策略理念的实施要点

鉴于研究性学习的教学方式已经打破了固定的课堂学习组织形式，扩大到了课堂和学校以外，因而合作性教学策略也有不同的实施要点。

（1）努力培养在校学生的国际合作共赢意识和国际合作沟通技能

研究性人际学习的一个潜在发展目标是充分发展中小学生的人际社会性，让他们能够学会人际交往与学习合作，能与其他人友好相处，共同完成学习任务。研究性综合学习的学生合作性强，在教学策略中也应更加注意充分培养学生的自主合作研究意识和学生合作研究技能，这样才是学生完成综合研究教学主题的重要基础。在学校研究性小组学习活动开始之际，常常可能会出现有一些学生对学校现有教学分组不太满意的特殊情况，这时任课教师必须首先使他们充分意识到这样一个事实，即他们小组中的每一个负责人都应该是教学小组的一分子，他们之间应该是一种"荣辱与共"的小组关系，只有他们合作一致才能成功。

除了注重培养学生的人际合作共赢意识之外，还要注重培养学生的人际合作管理技能，学会如何正确看待别人的合作失误，如何主动接受别人的意见建议和提出意见，如何认真倾听，如何进行讨论，如何友好地指出别人的优缺点和改正失误，等等。

（2）小组的建立和分工合作

毫无疑问，小组合作学习是研究性学习合作性教学策略实施的重要教学组织形式。小组的组织建立工作采取由学生自愿与专任教师适当进行调整的工作原则。学生自愿参与组合合作有利于在课堂教学发展过程中学生自己合作性质行为的不断产生，有助于学习小组的稳定，但同时也会带有一些个人方面的局限性，即一个由学生自愿配合组成的学习小组，往往只需要考虑组员之间的各种情感联系及彼此的学习兴趣、爱好、个性特征等，这并不能促使学习小组的行为产生多维性质和发散。因此，教师一定要在保证学生接受自愿的教育基础上，进行适当的调整，优化小组的结构。调整时，要根据学生的研究课题，考虑与学生之间的重要知识基础结构的高度互补性，还要充分考虑培养学生完成研究课题能力的知识层次性，以利于分工合作，互相促进。

根据学生的兴趣特长，教师应在教学之前对小组成员进行合理的分工合作，这一环节也应以学生自愿、适当调整为原则。比如对于"调查本市河流污染情况及其建议"这样一个课题，可先征求学生的意见，谁愿意负责取样，谁愿意负责检测，谁愿意负责撰写报告，谁愿意负责制作多媒体，等等，然后，教师可再做适当的分工调整，以保证教学任务顺利有效地完成。

（3）组织好学生的定期讨论

在教学进程中，教师要针对每个小组课题的进展情况，及时组织成员进行讨论。首先，针对前一个阶段小组课题的进展情况，教师应总结评价小组的合作行为情况，或鼓励，或纠正错误的合作行为；其次，教师应指导并参与学生小组对下一阶段课题进展设想的讨论，在讨论中确定下一阶段课题的实施方案，并及时解决前一阶段课题研究中遇到的问题。

三、研究性学习的具体教学策略

与教学策略理念相比，具体教学策略更具有操作性，它往往具体到某一教学行为层面，是某一教学行为的规定或规则。接下来，笔者将就研究性学习的具体教学策略进行探讨，以求得研究性学习教学实践的规范化和有效性。

（一）选题的教学策略

典型的研究性选题学习过程是对自然科学理论研究学习模式的一种教学模拟实践教学，因此，选题这一教学环节往往指将研究性选题学习作为教学模拟实践的一个开始。在这一教学环节中，教师如何正确地进行有效的教学指导和适度性的参与，关系着下面整个课堂教学工作进程的顺利与否。在这一重要阶段教师在开展教学工作过程中还应特别注意以下几个主要方面：

1. 转变观念，培养学生的问题意识

研究性课堂学习不是希望让一个学生知道学习多少基础知识，而是希望让他们从中发现多少问题，这恰恰是教师衡量一个学生综合能力水平高低的一个重要指标，因此，在实际的课堂教学实践过程中，教师应转变观念，有意识地注重培养学生的实际问题解决意识。具体到选题教学环节中，一个深层的而且也是首要的目标就是培养学生发现问题、明确问题的意识和能力。著名学者李政道博士曾经指出，我们祖先提出了"学问"两个字，就是要"学会问问题"，而不是"学答"，现在很多青少年很注意"学答"，而不是"学问"。因此，在研究性学习中，教师一定要走出传统传授式教学观念的藩篱，引导学生学会提问，培养他们的问题意识。

2. 学法指导，向学生介绍提问的方法

主体性素质教育问题理论分析研究人员认为，主体性教育又分为抽象和具体之分。抽象的社会主体性从整个人类社会角度考虑出发，而不只考虑社会问题，凡人都不具有社会主体性；具体的社会主体性从某一个体的主观角度考虑出发，指某一个体是否相对于具体的社会活动及其情境和他能否充分表现表达出来的主观能动性。在学校研究性教育学习活动开始之

际，由于在校学生对这一类的学习活动方式普遍缺乏经验，其学习主体性相对比较弱，有待于发展和提高。通过学法指导，教给学生提问的方法则是一条提高其主体性的有效途径。

3. 分析指导，确立课题

不是每一个高校学生自己提出的一个问题都可以独立形成一个研究课题。有些问题可以去研究，也是值得研究的；有些问题没有研究价值，就不值得去研究；而有些问题虽有研究价值，但研究的可能性不大。对于很多学生来说，他们更加需要注意受到自己研究问题能力的严重制约和时间限制，因此，这就非常需要教师对学生的研究问题难点进行深入分析及指导，最终才能确立研究课题，完成选题这一环节。

（二）课题实施策略

课题正式选定后，研究性课堂学习的具体教学研究过程由此展开了。学生研究性课程学习的课堂教学活动形式具有高度开放性，时间短和周期长，突破了校、班、课、时的固有局限，与我国传统的各类课堂教学方式有着很大的根本区别，因此，这一教学环节中对教师的教学引导、处理工作是否得当直接关系着课堂教学质量的高低，关系着学生研究性课堂学习的成败，因而有必要加以研究。

1. 课题实施过程中的学法指导策略

所谓实施过程中的学法指导策略是指教师对学生在研究性学习中有关课题研究的知识、方法、思路、技巧、手段等的指导、介绍、规范等。教学研究性课程学习的思维方式往往是与其他传统学习教学方式相比差别很大的一种学习思维方式，许多初中学生由于缺乏相应的基础知识、方法、技巧等，常常在进行教学探究过程中觉得无从着手，在具体操作时也往往存在着不规范、不科学等不良问题，特别在高年级段的学生，虽然学习思维模式水平都比较高，但由于他们习惯了传统学习思维方式而无法接受新的学习思维方式，在学习思维模式方面也往往存在着诸多新的不良习惯，无法使教学探究性的过程深入性地展开，因此这就需要教师在诸多知识方面加以规范、引导，以此力求教学探究进程能够顺利开展，从而使每个学生的理论探究性和实践操作能力能够有所提高。

2. 教学实施中的心理引导策略

学生在参与开展教学研究性质的知识实践学习及实践教育活动教学过程时，其中的主要知识角色定位不是一个课堂里的"静听者"，而是主动的知识实践探究者、知识的被动实践发现者和知识的被动建构者。角色突然发生转变，使得这些学生骤然间可能会直接面对许多在他们自己原有在校学习生活课堂里不会轻易直接遇到的实际生活问题，也由此必然地会对他们未来学习生活造成各种心理上的不良影响。这就需要教师进行及时的疏导、调适，以使学生顺利地完成课题的探究过程，并不断提高自身的心理素质。

3. 实施中的教学管理策略

为了有效保证整个课堂教学实施过程的工作有效性和安全性，教师同时应特别注意教学实施过程中的各种教学性质和管理。

（1）对学生的学习活动进行联系和监控

举例来说，在做某市交通状况等研究课题时，学生的安全就是一个非常重要的问题，教师有必要对学生的学习活动进行有效的监控和组织。首先，教师应认真做好学生活动前的具体活动时间计划及学生相应的安全意识论证，在此基础上对班级学生的具体活动时间计划应当提出安全建议，作出安全规定，活动后的计划安排应尽量周密。活动过程中有必要专门安排一名安全员，并提高全体学生的安全意识。活动结束后应进行及时的安全总结，以使学生意识到这个问题的重要性。此外，有必要在师生之间建立一个有效、便捷的联系方式，使师生间的信息传递保持畅通。

（2）创设家长参与的氛围

如何取得家长的支持，也是在研究性学习中教师应关注的一个问题。

这涉及家长教育观念的转变，教育方式的重新确定等问题。教师可在学校的组织下，通过讲座、讨论等办法向家长宣传，并介绍研究性学习的方法、意义、价值等内容，也可以组织学生、家长、教师三方参加的座谈会，讨论研究过程中各自的收获、体会及对对方的希望等。

（三）研究成果形成、展示的指导策略

结题阶段是研究性学习的成果形成、展示阶段。在这一阶段，更需要发挥教师的指导作用，这是因为在实施过程中，学生收集了大量的资料和数据，在此基础上对这些资料进行归纳分析，但是要得出科学的结论或一定的实物模型、理论模型，还有一定的难度，它对学生的思维能力提出了更高的要求。有时候，学生可能会认为受到现有科学知识、科研工作能力的严重制约及一些不良社会心理因素的严重干扰，就会在这一阶段出现各种问题，而导致研究结论质量不高，甚至不科学，并进而会使学生失去对研究性学习的兴趣和热情。因此，在这一阶段，教师应加强对学生的指导，有时甚至可以适度参与到具体的环节中去，从而帮助学生顺利完成研究任务。

1．转变认识，正确对待学生的研究结论

研究性实验学习的主要教学目的之一就是让学生在经历实验探究的一个过程以后去获取感性认识，而不是单纯让学生自己去探究解决一些科学前沿性问题。因此，作为教师，应转变观念，正确对待指导学生课题研究的科学结论。

首先，教师应充分珍惜带给学生来之不易的科学研究成果结论，无论研究结论在一个成年人看来到底是多么的幼稚可笑，教师也必须以积极的研究态度充分认可并及时表扬每个课题研究小组所做出的努力，因为保护每个学生的积极探究科学兴趣成果远比及时看到带给学生高度有质量的科学探究成果结论更重要。

其次，引导学生学会互相尊重和共同分享他人的研究成果。这也是培养学生团队精神的一个重要方面。在学生初次深入接触科学研究性理科学习时，可能会出现对别人的科学研究成果不够尊重，或者被人嘲笑的不良现象。因此，教师应事先对学生进行一次教育，使他们充分认识尊重别人分享劳动成果的巨大重要性，学会取长补短，共同进步。

2. 指导学生分析资料，提炼观点结论

（1）指导学生运用科学方法筛选资料

在课题实施研究阶段，一个主要任务就是获得充分的资料。在获得这些资料后，接下来的工作就是要运用科学的方法筛选这些资料。把一些重复的、无效的、不准确的资料剔除出去，将一些与课题有关的有效资料进行整理、编号，另行保存，以备后续的分析所用。

（2）教师引导全体学生充分运用不同的思维分析方法，深化研究结论

有时由于学生所收集的资料虽然是有效的，但是也可能由于各种思维引导方式的不妥而直接导致一些论题的立意不高，甚至可能存在一定的结论科学性差等问题，这就非常需要教师对其进行及时的各种思维方式引导，开拓培养学生的多维思路。这些新的思维分析方法有一种可以或者是由表及里的各种纵向类比寻根究底推理法，即从具体生动的思维内容中就能找出其中具有本质性的一些东西；也有一种可以或者是由此及彼的各种横向类比推理法，即通过类比分析不同事物间的各种内在联系，揭示不同种类事物间的本质共性和内在差异；还有一种可以或者是纵向交叉的立体事物联系分析法，即将不同或异类的各种事物相互进行立体联系性的分析，异类不同事物的相互嫁接有时候还会使人产生新的思维视角，从而更加有利于学生思维想象空间的不断拓展。此外，中小教师或许可以随意巧设一些问题中的情境，以问题去启发学生。比如将材料与论点联系起来的推理过程中有没有缺陷和主观倾向成分，根据材料能否得出其他结论等，用这些问题引发学生思考。

（3）组织课题小组进行讨论、争辩

创新的第一火花就是来自不同专业意见的尖锐争鸣和激烈碰撞。思维方式交流不同于其他物质交流，它本身具有递减性，可以相互共享。教师应充分引导学生充分发挥团队精神，合作参与交流，集思广益，在每个科学研究者对科学材料独立进行分析、推理、判断的基础上才能进行合作交流，这样才有机会发生真正的集体思维智力碰撞，得出意想不到的科学研究成果结论。

3．成果的表达、交流

研究性质的学习活动成果一般来说要以一定的传播形式对其加以展示表现，并且要进行广泛的学习成果分享交流、展示。这样既能够有效促使广大学生充分锻炼自己语言表达能力和自我表现的综合能力，又能使他们体验收获的成果，还可以在相互切磋中不断提高。

（1）引导学生采用多种表达形式

学生通常可以通过各种表达方式充分表达自己的科学研究成果，如学术论文、图表、模型、图像、实物、实验报告、调查报告等，形式多样，可以不拘一格。教师一定要善于鼓励引导学生用这样多种形式表达自己的教学研究成果，这既有利于不断增强课堂学习的生动趣味性，又有利于不断提高调动学生的积极性和主动性，使他们在动手操作的过程中，锻炼自己的动手操作能力。

（2）组织学生交流、研讨

社会心理学研究表明，在集体当中，人与人之间会有一种"社会性促进"现象。学生之间的相互讨论交流有利于促进学生对新基础知识的综合建构，教师可根据学生具体情况综合组织引导学生对有关研究成果问题进行师生交流、讨论，这样有利于学生的研究结论更加清晰，更加科学，使研究成果在师生交流的基础上得以逐步升华。教师还可通过专题报告会、研讨会、答辩会等多种形式，让学生的自主创新思维在争论中不断得到发展。

四、长周期的校本教研活动

校本教研离不开设计规划，而且要以研究的心态进行设计规划；校本教研也离不开实际操作，而且要以研究的心态进行实际操作。学校要建立良好的"以校为本"的教育教研制度，帮助教师制订适合他的专业发展计划，进行个别案例研究，帮助教师进行教学设计、教学反思，使课改与广大教师的专业发展紧密地结合在一起。

总体策划

教师通过自我反思、学生访谈等形式，真正走进新课程，建立属于自己的课堂教学标准。活动包括三个部分：

第一部分，自我反思。通过活动引发教师的自我反思，思考新课程的课堂标准，具体活动包括："找自己课堂上成功或失败基本特征""反思自己理想的课堂的样子"……

第二部分，学生访谈。设计学生调查问卷，设计访谈提纲，并进行实际的访谈和调查，调研学生喜欢什么样的课堂。

第三部分，结合自身的研究经历及对学生访谈的总结，建立属于自己的新课堂的标准。

（一）活动过程与设计

教育部颁布的《基础教育课程改革纲要》（以下简称《纲要》）指出："教师在教学过程中应与学生积极互动、共同发展，要处理好传授知识与培养能力的关系，注重培养学生的独立性和自主性，引导学生质疑、调查、探究，在实践中学习，促进学生在教师指导下主动地、富有个性地学习。教师应尊重学生的人格，关注个体差异，满足不同学生的学习需要，创设能引导学生主动参与的教育环境，激发学生的学习积极性，培养学生掌握和运用知识的态度和能力，使每个学生都能得到充分的发展。"

《纲要》所提切中要害，但这些理念怎么落实到教学当中？现在，我们就带着这个问题进入研究者的行列。

（二）自我反思

活动一

1. 开篇的话

高的教学质量当然需要高效的课堂，什么样的课堂是高效的呢？我们为之苦苦追求与探索，我们要系统地研究成功或失败的课堂，寻找其基本特征，真正走进新课程。

2. 活动内容

思考自己的成功或失败的课堂，总结这些课堂的基本特征。

3. 活动准备

（1）"教师作业卡（表）"：个人的课堂思考。

（2）"小组合作作业卡（表）"：集体的课堂思考。

4. 活动程序

（1）教师独立思考。

思考自己最成功的一节课，总结本节课之所以成功的基本要素或特征。

（2）小组合作

以小组为单位，研究每位教师总结出来的课堂的基本特征，提炼出公认特征，并写出关键性的问题。

5. 培训作业

（1）收集作业，培训者进行及时的分析、整理和总结，完成"成功课堂与失败课堂的若干特征"。

（2）教师结合讨论结果，尝试改革自己的课堂。

活动二

寻找理想的课堂

1. 开篇的话

寻找"我理想的课堂"的特征，深入理解新的课堂教学。

2. 基本内容

研究"成功课堂与失败课堂的若干特征"，思考自己的课堂教学改革方向，完成"我理想的课堂"。

3. 活动准备

(1)"教师作业卡（表）"：寻找"我理想的课堂"；

(2)"小组合作作业（表）"：集体的思考。

4. 活动程序

(1) 教师自学。

通过培训，教师总结"成功课堂与失败课堂的若干特征"，研究其他教师成功与失败的课堂的基本特征，思考自己的课堂成败的基本特征。

(2) 教师思考。

分析"成功课堂与失败课堂的若干特征"，将自己认可的特征分成三类：

A. 认可，自己做得也很好

B. 认可，但自己做得不够好

C. 认可，但自己做不到

总结整理分析，写出自己的课堂教学评价的一些特征。

(3) 大会发言。

教师代表发言，教师们修订自己的课堂特征。

5. 作业

(1) 收集教师作业，培训者进行及时的分析与整理，选择部分完成得好的作业，并及时下发到教师的手中，引发教师的反思。

（2）教师结合讨论结果，用自己总结的课堂特征改革自己的课堂。

（三）学生访谈

活动三

倾听学生的呼声

1. 开篇的话

学生是教师教育的对象，"学生喜欢"是课堂的基本要素。那么学生喜欢什么样的课堂？学生不喜欢什么样的课堂？今天，我们就走进学生，倾听学生的心声……

2. 基本内容

（1）设计访谈提纲。

（2）学生访谈。

（3）访谈交流。

3. 活动准备

（1）"教师作业卡片"：教师的访谈设计。

（2）小黑板等。

4. 活动程序：

（1）怎么访谈？

访谈什么？如何访谈？用什么形式从学生中了解你的课堂？

（2）交流。

与自己有相同选择的教师组成小组，讨论交流，选择最适合的访谈问题或形式，写在小黑板上。

（3）全体交流。

展示各小组的访谈结果，以便教师互相学习，修改自己的访谈设计的内容。

（四）建设标准

活动四

走进新课程

1. 开篇的话

课程改革就在我们的日常教学中，新课程的理念不知不觉已渗入我们的心田……

2. 基本内容

对照完成的"成功课堂与失败课堂的若干特征"，结合学生的访谈，反思自己的课堂，修订完善课堂教学标准。

3. 活动准备

汇总整理学生访谈材料。

4. 活动程序

（1）独立思考：自己的课堂教学应该怎么办，进一步修订与完善自己的课堂教学的标准。

（2）大会交流：交流自己的感受、改革计划等。

（3）专家发言：新形势下我们的课堂教学应该是什么样的。

5. 作业

培训者整理自己的"课堂教学评价标准"；在日常教学工作中进一步领会、完善自己的课堂教学"标准"。

五、中周期的校本教研活动

总体策划

推广本学校的先进教学经验，以互相学习、学生访谈、听课等形式，来改进教师的课堂教学。策划四个活动：寻找身边的"名师"，设计访谈的内容；学生调查，访谈"名师"的学生和自己的学生；走进"名师"的课堂；请"名师"走近我们。

（一）寻找身边的"名师"

活动一

1. 开篇的话

有不少学历平平、职称平平的教师，却教出了特别优秀的学生，这些学生的学习质量非常突出，这是为什么呢？问题出在什么地方呢？

今天我们要从学生调查、课堂教学、经验介绍等多个方面，研究这些教师的教学经验，寻找他们成功的原因。

同时，我们也要访谈自己的学生，找出差距，互相学习，提升自我……

2. 活动内容

寻找身边的"名师"。

3. 活动准备

（1）"教师设计访谈卡（表）"。

（2）小黑板等。

4. 活动程序

（1）寻找身边的"名师"。

（2）访谈"名师"的学生。

（3）访谈自己的学生。

（4）小组合作

互相交流设计的内容，筛选出公认的好的调查方案，写在小黑板上。小组代表介绍本组调查方案。教师修改完善自己的调查计划。

5. 培训作业

收集教师和小组作业，培训者进行及时的分析、整理，完成《教师调查或访谈问题集》。

活动二

学生调查

1. 开篇的话

今天，我们要走进学生当中，通过学生访谈了解名师，也了解自己……

2. 基本内容

访谈学生。

3. 活动准备

"学生调查表"。

4. 活动程序

（1）将《教师调查或访谈问题集》下发给教师，让教师再一次修订自己的调查计划。

（2）访谈学生，并整理自己的访谈结果。

5. 作业

教师将自己的调查记录、调查反思与调查后感悟等资料交给培训者；培训者及时将这些资料进行整理分析。

（二）走进课堂

活动三

走进"名师"的课堂

1. 开篇的话

听课是互相学习的重要方式，但我们该怎么听课呢？课程改革，教师的学习方式要发生变革，我们听课是不是也要发生些变化呢？

2. 基本内容

（1）专家讲座：教师该怎么听课？

（2）设计听课计划。

3. 活动准备

（1）"教师作业卡片"：我们怎么听课？

（2）小黑板等。

4. 活动程序

（1）专家讲座。

（2）教师思考。

（3）全体交流。

（4）听课。

活动四

请"名师"走近我们

1. 开篇的话

我们访谈了学生；进行了思考；进行了实践。现在我们听一听教师的介绍，让他们解答一下我们的问题，让我们互相学习共同进步。

2. 基本内容

（1）教师介绍自己的调查结果、教学经验。

（2）回答其他教师的提问。

3. 活动准备

整理汇总学生访谈材料。

4. 活动程序

（1）名师介绍教学经验。

（2）教师谈自己的感受。

（3）学习名师的经验，改革自己的课堂教学。

5. 作业

改革自己的课堂教学。

六、短周期的校本教研活动

总体策划

培训者进行选择、培训，来启动学校的以校为本的教研活动。策划包括两个活动：我是培训者、培训的设计。

（一）我是培训者

开场的话：

为了提高教师的素质，我们开展了培训工作并对培训工作寄予了很大的希望，但很多时候并没有达到我们预期的效果。主要原因是教师没有成为研究者，教学研究活动与教师的距离太大。

"将教学研究的重心下移到学校，建立与新课程相适应的以校为本的教学研究制度，是当前学校发展和教师成长的现实要求与紧迫任务，也是深化教学改革的方向和重点。以校为本的教学研究要以新课程为导向，以促进每个学生的发展为宗旨，以课程实施过程中学校所面对的各种具体问题为对象，以教师为研究的主体，是一种理论指导下的实践性研究，既注重切实解决实际问题，又注重概括、提升，总结经验、探索规律。"

"以校为本的研究要充分发挥教师个人、教师集体和教学专业人员等各方面的作用。教师要养成读书学习与反思的习惯，增强研究意识，以研究者的眼光审视、分析和解决自己在教学实践中遇到的实际问题，克服被动性、盲目性；把日常教学工作与教学研究融为一体，形成一种新的教师职业生活方式，促进教师职业道德与专业水平的提高。"

所以我们必须建立以校为本的教研制度，既是新课程实践的需要，也是新课程顺利开展的制度保障。

今天，我们就要走进"以校为本的教研活动"。

○ 学习与研究：教育可持续性发展的推动力 ●

我是培训者

1. 排序

下面是一位校长对培训者的基本功的若干要求，请你根据自己的理解，以"1，2，3，4……"排序。

（　）课堂教学本领过硬，教学质量高，属教学骨干

（　）性格开朗活泼，组织能力强

（　）吃苦耐劳，愿意从事培训工作

（　）会使用多媒体，能用先进的设备组织培训

（　）有较强的总结与写作能力，能组织总结学校的培训工作

（　）从事领导职务

（　）思路开阔，对新课程理解深刻，有独到的见解

（　）细心，及时发现身边典型案例并用于自己的培训

（　）服从管理，能不折不扣地执行领导安排的任务

（　）人缘好

（　）接受新观念快

（　）中青年教师

2. 请写出自己的理由

3. 大会交流

4. 小组合作

活动

培训的设计

一、培训主题的确立

课程改革中会出现很多问题，要想把所有的问题全部解决显然是不现实的，所以我们要抓住核心问题，让课程改革起到事半功倍的作用。

今天我们就选择 1 ～ 2 个你准备组织教师进行研究的核心问题，让我们共同交流与研究。

1. 提出问题

课程改革中出现的问题。

2. 大会交流

教师间交流提出的问题，拓展大家的思路。

二、我的活动我设计

1. 设计活动

教学研究活动如果缺少策划，没有一个系统的安排就很容易流于形式。今天，我们进行了精心策划，努力让我们的研究深入下去。

2. 大会交流

3. 总结

"如何增强小组合作的实效性"教学活动研究策划。

一、揭开小组合作没有实效性的面纱（开题培训）。

第一次：听课（45 分）

1. 听课。（35 分）

培训者：今天我们重点要讲的是小组合作。

教师：进入课堂做好听课记录，填写"听课反馈意见单"。

2. 对学生进行访谈或调查小组合作，并做好记录。（10 分）

第二次：研讨（60 分钟）

1. 培训者引导教师回顾听过的课中的小组合作情况，教师谈一谈在小组合作中存在的问题。（10 分）

2. 小组交流讨论在小组合作中没有实效性的方面及若干原因，如何改进策略，每一小组选出一位教师发言，一位教师记录，一位教师挑战。（15 分）

3. 大会交流。（25分）

4. 反思课堂教学中自己的小组合作，找出适合自己班级情况的改进策略。（10分）

5. 上交小组记录及改进策略。（10分）

6. 培训者及时整理分析打印这些材料，并发放到教师手中。

二、把小组合作送回到学生身边去（中期研究）（一周）。

培训者：帮助教师分析小组合作中出现的问题，给教师的改进策略提出指导性意见。关注小组策略的改进情况、小组在改进过程中发现的问题，及时帮助调整策略。

教师：在日常的教学过程中，参照改进策略，尝试着研究出适合本班实际的改进方法，并写成案例。

三、案例培训。

培训者整理汇总案例，打印给教师，并根据案例进行培训。

四、活动延伸。

五、让小组合作真正发挥作用（结题总结）（60分钟）。

1. 培训者总结本次活动的过程。

2. 教研组代表介绍本组成功方案。

3. 学校总结，鼓励教师进行积极探索。

4. 学校、教研组、教师各写一份本次活动的总结。

第三章

在学习中研究

第一节　研究的方式

　　基于对当前高校研究性课程学习的深刻理解，我们将这种研究性课程学习的实践教学模式称为当前研究性课程学习的实践—教学模式。这些教学模式源自实践，高于教学经验。它们不仅是学校教学理论和实践的必然产物，而且能够在指导学校教学理论和实践发展的过程中不断完善和发展。因此，我们对研究性教学在教学管理实践中形成的几种典型教学模式进行分析和总结，并对这一问题进行深入论证。同时，我们还详细介绍了一些发达国家研究性教育学习的几种教学模式，供我国教学实践者参考。

一、理论—实践模式

　　对学生来说，研究性知识学习的基础理论不仅陌生，而且好奇；对教师来说，研究性知识学习的理论教学是实施性的，但仍缺乏理论理解和实践经验。如何通过研究性教育的教学，使学生掌握研究性教育的基本理论，并在实践中有所收获，这是理论实践模式思考的问题。

（一）基本含义

理论式实践研究性教学是指学生综合运用基础理论和实践研究方法解决实际教学问题，体验应用研究性专业基础理论学习理论课程的内在价值，在研究性专业学习主体共同研究应用的基础上，培养其综合理论应用能力的综合教学模式。

这种教学模式基于"理论—实践"互不相同、相互联系的基本框架理论，充分地揭示了在一个完整的教学管理过程中，应该包括两个不可分割的教育哲学范畴："理论"和"实践"。毛泽东同志说过："通过实践而发现真理，又通过实践而证实真理和发展真理。从感性认识而能动地发展到理性认识……实践、认识、再实践、再认识，这种形式，循环往复以至无穷，而实践和认识之每一循环的内容，都比较地进到了高一级的程度。"毛泽东同志的话论述了哲学理论和社会实践之间的基本关系。当前实践学习模式应该追求一种理想状态的生活学习模式，即在科学理论与当前实践的紧密结合中，一个学生能够对具有研究性质的学习模式有一定的理性和感性认识。

在实施研究性学习课程实践实施理论的过程中，学生能够真正进入课程实践过程，用自己的课程理论指导课程实践，从而逐步加深对课程理论的整体理解。随着高校对研究性教育基础理论及相关实践问题研究的深入，实践研究过程中会出现许多新的问题和解决方案；同时，由于对高校研究性教育基础理论的基本认识不断加深，在实践研究过程中可能会产生许多新的研究方法和解决方案。基于这些方法和策略的选择，将形成新的观点和理论，进一步加深我们对原有课程理论的理解，从而对新一轮课程实践起到积极的指导作用。因此，研究性学习的理论—实践模型可以用下面的模型来概括。这种教学模式的深层内涵是指：在教师的指导下，引导学生理解学生研究性本科学习的重要实践理论，并以此实践为基础，在相应专业学科开展学生研究性本科学习课题的实践研讨活动。在教学实践过程中，

○　学习与研究：教育可持续性发展的推动力　●

通过对研究性教育学习基础理论的深入研究、探索和丰富，不断选择各种适合的教学观点和教学意见，不断完善研究性教育学习基础理论的相关基础知识内容，并再次运用新的教学理论和方法指导教学实践。这样才能抓住提高学生探究式主动学习基础理论的关键，同时完成自己的主动学习目标和任务，达到开展探究式主动学习的最终目的。

（二）理论—实践模式包含教学认识论

研究型本科学习教育是在主体性知识教育、素质教育、创新模式教育等各种现代本科教育教学理念不断发展下发展起来的一种全新的本科学习教育方式。它主要包含：

1. 教学实践理论指导新的实践和教学，实践不断发展新的教学实践理论

在这种综合教学模式下，理论与实践教学的综合实践不仅仅是一个可以陈述的综合教学理论的简单框架，而是相互依存，共同促进教学的发展。共同完成的任务是在综合理论学习的教育实践课程中实施综合理论教学和探索综合教学实践。理论的教学指导实践功能实际上是可以用来指导教学理论实践的，但不能依靠学校教学理论指导实践来指导一定的理论教育实践，这只能是一种无用的教学理论实践空谈。教学指导的理论实践必须建立在两个理论实践基础相结合的基础上，没有一定理论指导的理论实践可能是盲目依赖教学实践。理论是否正确需要实践检验。实践是发展真理、推动理论进步的最有效途径。实践中产生的新的理论观点将指导更高层次的实践过程。研究性学习是一种全新的教学理念，无论是在课程目标、课程内容，还是学习方式上，都是如此。国内对它的研究尚处于起步阶段，理论上还存在许多模糊认识。因此，教师在教授学生现有理论的同时，也应引导学生实践研究性学习，并在实践中进一步检验和完善这些理论。研究型理论学习活动既包括理论型持续教学活动，也包括实践型持续理论探

索活动。然而，这种以实践为导向的理论探索活动存在一个根本问题，远未上升到理论实践的高度。教师在课堂上传授的主要知识是教学理论。这些教学理论还有一个与课堂实践密切相关的重要问题，即它们将研究性课堂学习的这些理论知识与实践探索性教学活动紧密结合在一起。把理论教学活动的知识统一起来思考和把握，是社会理论在理论教学活动实践中的基本要求。把理论教学活动与社会教育实践的教学探索活动联系起来，是加强理论教育社会实践的基本要求。掌握教学理论的目的是更好地指导教学实践。

2. 研究性学习理论的普及，需要研究性学习的实践为其开辟道路

在掌握了研究性学习理论后，学生还需要有一个深入实践和接受测试的过程。通过理论学习和实践的磨合，学生可以进一步把握研究性学习的本质，为他们在今后的工作和实践中自觉应用研究性学习理论打下坚实的基础。学生学习这一理论的最终目的是将其应用于实践。教学的目的不仅仅是把纸上的文字固化成他们头脑中的所谓概念，更是为了更好地应用它们，指导实践。探索实践的科学理论基础，不是要大力否定建立在科学实践理论基础上的过度实践逻辑思维和科学理论指导，而是要真正大力反对过分依赖科学实践理论的理论。选拔是学习理论的重要途径，也是进一步发展理论、更好地指导实践的重要一步。理论泛化必然导致基于实践描述问题的特殊性的丧失，理论论题和结论的局限性，都可以通过实践来验证和完善，最终超越原有理论的框架和内涵。

研究性学习课程在初步实施阶段的效果如何，是否具有进一步推广的价值，需要实践给出客观的答案。这说明实践的反馈是研究性学习理论是否值得推广的有力证明。研究性学习之所以能在短时间内在教育领域被接受和普及，根本原因在于其实践效果很快被人们认可。开展研究性学习的学校和班级不仅不增加学生的课业负担，而且使学生在兴趣、思维、人格和能力等方面得到良好发展。积极的实践成果将有助于研究性学习的普及和推广。

（三）理论实践模式的特点

理论实践模式的特点主要表现在以下三个方面：

1. 理论指导

目前，我国部分中小学教师开展了一些研究性知识学习，但教师只是引导部分学生做一些研究性知识学习的理论实践，而没有讲授研究性学习的理论。我们认为，让学生先从理论上对学科研究知识的学习内容有一个系统的认识，有利于不断提高学生自主学习学科研究知识理论的有效性和自觉性。理论—实践教学模式从第一节课开始，我们就让学生充分了解研究性学习在我国的主要背景、基本含义、模式、策略、评价及国内外的发展状况，使学生系统地了解研究性学习的理论知识，这对研究性学习的实践指导极为有益。就师范生而言，他们在就业后要承担起引导学生实施研究性学习的重任，系统掌握研究性学习的理论可以在实践中少走弯路。因为理论知识在实践中有明显的指导作用。首先，理论和实践的学习和研究可以大大提高学生的理论水平和思辨能力。其次，理论实践研究过程中存在各种多样性和不确定性。了解不同类型理论的相互争议，有助于保持学生理论思维的活跃，学生理论实践学习不断发展、不断提高的关键在于理论实践的不断检验。最后，理论研究具有普遍性和必然性。深入系统地学习社会理论，可以帮助学生将各种社会经验、理论、概念综合成社会理论的基本原理，从社会现象中深刻把握事物的本质，从而获得对社会事物的全面认识。

2. 实践的探索性

研究探究性学习理论，不仅是为了追求所提出的体系的完整性，也是为了关注当代教学改革领域一系列重大问题的解决，为培养能够适应社会不断发展变化的人才寻求理论依据。教育实践中新问题层出不穷，教育者必须在实践过程中不断探索适合自己的理论。无论什么样的教育实验，其本质特征都是变革与创新，即探索相关教育问题与受教育者身心发展之间的内在联系。在推动研究性对象学习发展的过程中，需要全面分析研究性课程的属性和内容，提取个别课程属性材料进行综合考察，从而准确把握研究性课程内容的整体内部结构，从而准确把握研究性对象的整体，将研究性对象学习视为具有多个不同层次、角度和阶段的统一体。在科学分析—理论综合—理论分析—理论综合的研究过程中，揭示了研究对象的科学性和内在联系，逐步从个别科学原理上升到一般科学原理，从而加深了我们对原始科学理论基础的理解。每一种新的科学认识都可能把人们对原始科学理论的认识提升到一个全新的认识水平。这样，实践者在过程研究中的不断创新和探索，必然会直接推动以科学研究为基础的综合学习教育理论的不断完善和拓展。

3. 研究的集中

由于理论—实践模式需要花费大量时间先掌握相关理论，学生的研究性学习实践只能是少数且精准的研究项目。在实践中，研究性学习非常重视研究。教师的研究性指导要求学生先选定一个研究课题，在教学研究性本科学习基础理论的教学指导下认真开展研究，在时间有限的情况下也能产生研究性学习的实践经验。因此，选定的科研课题一般力求具体、现实和有针对性。

（四）理论—实践模式的实施要求

研究性综合学习的重要教学价值之一是，它彻底消除了以往学校教师综合教学和学生综合学习可能带来的诸多教学弊端。现代教育教学理念必然要求学生真正学会如何综合运用多样化的学科知识，从而有效促进其综合素质的不断提高，而这种研究性学习模式为学生提供了多样化、综合性应用和学习的良好机会，如全员积极参与、师生互动、答疑解难、课程形式开放、理论知识传授、实践效果检验、创新求异、自主创新探索等。这些都体现了研究性综合学习教育课程的突出特点和巨大优势。那么，在实施理论—实践模式的过程中，我们就不能不体现出上述特点，这样我们的教学就会始终贯彻促进学生全面发展的理念。具体要求如下：

1. 通过具体的课堂教学，向学生介绍研究性学习的基本理论。在此基础上，引导学生发现自己学习生活及社会生活中的问题，并且让学生从中选择他们感兴趣的话题，最终指导他们确定研究课题。这样一方面实现了学生贯彻研究性学习理念的目标，另一方面在实施的过程中充分考虑了学生的兴趣，还照顾到了学生的个性差异，也为激发学生积极参与热情创造了条件。

2. 在完成了上述活动之后，教师就要发挥引导作用，可以以班为单位做探索动员报告，并且要求学生尽快做好研究学习前的各项准备工作。准备工作包括：仔细谋划课题研究施行的具体思路（如某个课题比较大，就可将其分成几个并列的子课题）；划分好课题研究合作小组，每组以六人左右为宜，引导学生以小组为单位组织讨论，可以使讨论有共同语言、言之有物，吸引听众；鼓励团结协作、集思广益；还可以讨论谋划的具体思路的每一个细节，对实施中的每一步骤精益求精。

3. 教师一定要注意，在这个过程中教师的理论指导应是宏观性的、整体的，学生所经历的学习是一种探索性实践，教师要鼓励学生大胆探索，在实践中，不要怕学生标新立异，做出一些看起来"出格"的事情，这样的事情其实对学生求异思维、创新思维的发展有很大的好处。如果教师违背了这个原则，在过程中指导得太多、太细，让学生在学习实践中少走了弯路，是得不偿失的，因为这样束缚了学生的手脚，抑制了学生思想火花的迸发、创造思维的活跃，对学生的发展极为不利。对学生来说，学习实践中的失败也能够变为好事，其中失败后所收获的经验，也同样是研究性学习的成果，因为它为以后探索提供了可借鉴的经验，也为研究性学习课程的实施提供了经验。我们要注意研究性学习的注重点在参与过程上，参与的结果反而不是那么重要。其中的关键是学生参与度和热情足够高，在探索中取得了宝贵的实践经验。

二、问题探讨模式

其实呈现问题、分析与解决问题和研究性学习的整个过程相融合。如果师生围绕着出现的问题，共同进行分析探讨与研究，最后解决问题而进行的教学活动，这就形成了一种全新的教学模式——问题探讨模式。

（一）基本含义

20 世纪初期，教育家杜威针对传统教育的弊端，提出了"明了—联想—系统—方法"教学四阶段观点，也就是我们现在常说的"引入问题情境—提出解决方案—收集资料验证假设—得出结论"。这个观点的根本出发点就是，学生的学习应是主动发现的过程，也就是说，学生完全可以通过类似科学家发现知识的过程来获得知识。杜威此教育思想的深远影响不仅仅局限于美国教育，而且扩大到世界教育，其对教育理论发展做出了重大贡献，而且对我们说的问题探讨式教学有积极的启发作用。

研究性学习中"问题探讨模式"就是：在课堂上出示典型的、能给人以启迪的经典问题（或案例），通过师生共同分析与探讨，力求得到问题解决的方法与技巧，以此来培养提升学生思维能力的一种教学模式。从某种角度来说，研究性学习也是解决问题的学习。呈现在学生面前的并不是一些需要学生去理解、记忆的材料，而是一个接一个需要自己或者与同伴一起去学习、探讨和解决的问题。当然，这些问题（或案例）开始可以由教师选择给出，逐渐过渡到由学生自己发现。

在美国哈佛大学一直流传着这样一句名言："The one real object of education is to have a man in the condition of continually asking questions."（教育的真正目的就是让人不断提出问题。）孩童，对整个世界充满好奇，

总有着这样或那样的问题，这不就是思索吗？一个科学家的知识与整个知识海洋相比，也只能算得上几个小贝壳，所以那些科学家也一样需要不断发现问题，并且对其进行思索与探讨。受传统教育影响，课堂上，教师会过分强调知识的传授记忆，为了节省时间，老师不希望、更不鼓励学生独立思考与探讨问题。在此前提下，课堂上很少出现学生提问和思考的现象也就可以理解了，而研究性学习则正相反，鼓励学生发现、发问、思考问题，打开探索知识的新领域。

（二）理念与方法

问题探讨是一种教学模式与方法。实施这种模式可以突破传统教学的思想框架，引导课程、教学模式的改革新方向，并可以形成一种全新的教育教学理念，那就是在教学过程，教师应该有意去引导学生发现问题、探讨问题，并且在探讨问题的过程中逐渐使学生形成解剖问题的思维品质与习惯，在此基础上，逐渐培养提升学生创造性地解决各种问题的创新能力。在教学改革实践中，逐步形成并且完善了这种模式方法。

其基本理念是：首先要创设开放而又活泼的学习氛围，着眼于在教学过程中，强化学生的主体参与意识；目的是帮助学生学会发现问题、学会分析问题的方法，并且培养学生创造性解决问题的能力，最终使学生学会学习，促进学生健康发展。其实施方法策略是：给教师的嘴上装个阀门，让教师停下滔滔不绝的讲授，给学生的脑袋装上发动机，让学生不限于默默聆听，而是积极思考，将经典的问题（案例）呈现出来，通过问题引导学生积极参与共同探讨、各抒己见，从而形成师生平等互动、全体积极参与的学习氛围。

（三）问题探讨与研究性学习

目前，在我国研究性学习课程还没有与学科教学融为一体，只属于一种专设的课程形态。主要原因有：理论—实践模式多应用于教师培训，适用面相对窄；课题研究模式具有难度大、周期长的特点，并且综合性也很强，多适用于科目综合或社会实践当中。而问题探讨模式局限性较小，适用面宽泛，在任何学科的教学中，都可以自由灵活地使用，而且问题探讨的对象不固定，可以在师生间展开，还可以在学生与学生之间进行；问题呈现的时机也很灵活，可以在课堂上，同样也能在小组之间；探讨的地点不受限制，可以在校内，也可以在校外及其他任何地点。就是因为问题探讨模式的灵活性与适应性，使其成为研究性学习的主要教学模式。

随着研究性学习理念的不断传播，研究性学习课程不断推广普及，问题探讨模式这个研究性学习的基本模式也必将进一步为广大教师接受，从而也会使更多的人在教学中自觉地运用这种教学模式。研究性学习也将自然而然地从专设的课程形态演变为一般的教学形态。这个时候就会显示出它的强大生命力。到这个时候，就实现了研究性学习与各学科的教学有机的融合，也就形成了一种主流的教学形态，使得学校的教学过程一直有研究、探讨的陪伴，探究的学习氛围浓厚，学生的思维和其他综合能力也会随之飞速发展。

不过，这种演变成功，并且成为一般的教学形态是有条件的，不会是一帆风顺的，也不是短时间就能达到的，这个过程必将是漫长而曲折的，它的决定因素是以下几个方面的条件：首先，研究性学习的普及程度和人们的接受认可程度，以及青少年的成长需要程度和教学实践呼唤它的强烈程度。其次，教师对现代教学理念的理解与学习。只有达到所有教师都理解了研究性学习的理念，并能自如地将其与自己的教学相结合，从而达到学生在课堂上都能有研究性学习的体验，能不断地发现问题，探讨问题，这样才能使研究性学习实现一般教学形态的演变，并且占据学校的主流教学形态的理想成为现实。

（四）实施思路与技巧

呈现问题的目的就是让学生看到问题，看清问题。进而引导学生相互交流，并且同时培养学生提出问题的能力。然后就要引导学生对问题进行分析与探讨，这样可以使学生注意力集中、思维活跃，可以实现引导学生思维发散、思维求异和思维创新的多角度提升，进而为问题的解决提出多种方法与策略，也就为问题的最终结论提供多方面多角度的决策依据。

一般说来，我们已经选出了适合的典型问题或案例，呈现的时候也要注意方法，不可平铺直叙了事，而需要教师多费一些心思，进行创造性的取舍，主动设疑。从而能教会学生思考，开发学生智力，培养学生的能力。

三、课题研究模式

先正确选择一个课题，以一种类似于其他科学课题研究的学习方式深入去研究，获取科学知识，然后应用这些科学知识方法去研究解决这些问题，这也是科学研究性课程学习的一种主要模式。如果说"问题探讨模式"主要指的是在一个学科综合教学中所需要采用的一种教学研究性综合学习训练模式，注重学生独立思辨思维能力综合培养的话，那么，"课题研究模式"则是更注重学生主动独立探索和综合实践操作能力的综合训练。

（一）基本含义

课题基础研究活动模式主要由专业教师自主提供专业课题或由学生根据各自的所学专业和研究兴趣自行设计专业研究课题，并在专业教师的共同指导下，学生自主参与探索，实施课题研究活动计划，完成相关课题基础研究。这种创新教学模式能够有效培养与不断提升学生的实践创新能力。

设计好研究课题，是实施课题研究的首要问题。明确了研究课题，接下来的工作就是采取措施来完成课题。完成研究课题的途径和方法是多种多样的，而课题的性质决定了完成的手段。属于思辨性的课题，其完成的手段与方法主要是从图书馆及报纸杂志上查阅资料，作为进行课题论证的依据；属于描述性的课题，更多的则是通过深入社会进行调查，获取第一手资料，让事实本身来说话，从而完成对课题的论证。

（二）教师如何指导学生进行课题研究

从当前开展的研究性学习的现状来看，基本上都是在缺乏经验的基础上摸索着前进。为了保证研究性学习课程的顺利实施，教师的指导就显得尤为重要。教师的指导主要包括对学生选题的指导、心理的指导和技术的指导等几个方面。

1．选题的指导

课题研究模式的实施是以教师引导学生进行课题研究为基础的，选题的好坏将会直接关系到课题研究的成功与否。

学生在选题阶段容易出现以下五个方面的问题：（1）课题题目过大；（2）设计的研究内容过于抽象；（3）课题提出的依据不足；（4）不考虑课题研究的可行性；（5）对课题中要研究的问题不明确。出现这些问题的原因，一是由于学生的兴致过高，缺乏对课题研究的感性认识和理性思考；二是由于没有得到教师的及时指导，导致盲目选题。

教师的及时指导可以避免学生少走弯路，某师范专科学校的实践证实了这一点。当学生掌握了研究性学习的系统理论知识，开始步入选题阶段时，教师的指导随即发生作用。指导的内容包括：

初步涉及课题研究，要从具体的问题入手，避免涉及大而空的课题；

尽量选择描述性的课题，避免过于抽象的课题；

尽量从自己所学专业或感兴趣的范围选择课题；

选择课题要考虑实施研究的可行性；

选题要明确所提出与解决的问题；

选择研究的课题要对解决实际问题有指导价值；

选题要有创新意识；

善于从周围的社会现象中寻找、发现课题；

选题应尽可能地反映当今社会上的焦点、热点问题。

布置了选题任务，紧接着就是对学生呈报上来的课题进行初步的论证和筛选。发现题目太大、研究条件达不到或其他方面存在问题的，教师要立即给予纠正并告知理由，同时也要为学生修改或重新选择课题提供思路，以确保课题早日设计成功并投入研究。达到这一点，需要指导教师具备课题研究的理性知识和感性经验，否则，指导往往会不着边际，从而影响到学生从事课题研究的质量与效果。

2. 心理指导

心理指导是在学生选择好研究课题之后进行的，指导的内容主要体现在以下几个方面：

要动员课题组成员满怀信心地去完成课题研究任务；

课题组成员要通力合作，相互鼓励与帮助；

对可能遇到的困难要有足够的思想准备；

遇到碰壁或其他不如意的事，不能打退堂鼓；

坚信胜利是建立在克服困难的基础之上的。

3. 技术指导

选择好课题之后就要进入课题的研究阶段。实施课题的研究，需要到图书馆、资料室去查阅资料，或者深入社会生活中去观察、采访，以获取与完成课题有关的信息资料。作为教师不可能自始至终地跟在学生身边给予及时指导，只能就某些问题进行一些提纲挈领式的交代，然后放手让学生自己去实践，去探索。教师的技术指导主要包括以下几方面的内容：

列出课题研究内容的总提纲；

依据总提纲，再列出子提纲；

从文献中采集资料时，要注明资料的来源和出处；

教会学生如何从网上获取信息；

从调查、访谈中获得的信息资料，要确保其科学性；

信息资料应尽可能体现不同的意见、观点，以确保资料的客观性；

调查的结果若不尽如人意，要设法从另外的途径获得补充材料；

调查过程中不可拘泥于提纲，应及时修正或补充调查内容。

对于学生来说，是否有教师的专业指导，其在实践上的效果迥然不同。有了上述指导，再对其进行必要的安全意识教育，无论是对小学生还是中学生，我们都应该放手让他们到社会实践中去进行实际操作与探索。

四、国外有代表性的研究性学习模式

（一）法国的研究性学习模式

法国的研究性学习课程于 1995 至 1996 年在初中二年级开始试验，他们称作"多样化途径"。"多样化途径"的目的就是要加强学科知识内容的综合，引导学生在实践中运用已学到的知识。与初中课程几乎同步，1996年，法国又开始在高中和大学预备班开设"适度发挥学生创造力"（TIPE）的课程。大学预备班属于法国高中后教育，而且 TIPE 课程被规定为全体学生的必修课，占学年总课时的 10%。实施过程中，一般将 2 ～ 3 名学生组成一个小组，在教师的指导下，要求对学科已有成果进行批判性研究，鼓励学生介入学科前沿，强调学生的批判精神、创新能力和独立分析问题、解决问题的能力。由于大学预备班的教师素质较高，加上学生人数较少，因此，教师的指导十分到位，导致 TIPE 课程的开设获得了巨大成功。这一成果更坚定了法国政府加大推进这门课程的决心与信心。

1998 年 4 月，法国在里昂召开"全国高中改革会议"，会议决定要在高中试验"移植"大学预备班 TIPE 课程的成功经验，并把这种"移植"称作

"有指导的学生个人实践活动"（简称 TPE）。TPE 课程开设的两年间，引起了广大教师和学生的极大兴趣。鉴于当年 TPE 改革课程在数百所普通高中开展实践后所产生的强烈反响，2000 年 6 月 21 日，法国国家教育部基础教育司正式颁布了《TPE 实施方案》，并将改革 TPE 的具体实施方向视为法国高中教育改革的重要方向，这充分表明了法国政府教育决策领导部门要在全国百所高中大力推进改革 TPE 的强大决心。

由此可见，着眼于学生明天发展和持续发展的 TPE 课程，已成为 20 世纪 90 年代以来法国基础教育中的一个亮点。

1. 初中阶段的"多样化"和"综合实践"

1999 年 6 月 10 日，法国《教育部公报》公布了《2000 年初中改革行动》方案，要求在 2000 年 9 月开学的时候，全国初中要实施一系列教育改革。其根本依据就是"初中既面向全体，又面向个体"的基本原则，要求各年级要根据学生的实际情况，如其年龄特征、能力差异、兴趣爱好、个性特长等各种实际情况，灵活地进行改革，以实现不同阶段学生的多样化发展。

多样化有其深刻的含义，其中既有学生素质的多样化，还有学习内容多样化的要求。对初中一年级那些小部分的学习困难学生，要求教师进行个别指导，并且有时间上的要求，每周每人至少 2 小时，内容以学习方法为主。对初中二年级的各班级学习差的学生，应对的方式有所不同，需要组成最多为 8 个人的小组，要求教师每周最少要进行 3 小时的补习，同时初中二年级开始增设拉丁语选修课。到了初中三年级，要对学生开始实施第二外语或地区语言教育，并强调要教师继续对部分学习困难的学生给予帮助，以跟上教学进度为基本目标。到初中四年级时，则充分体现了学习内容的多样化。希腊语教育开始实施，职业教育也得到充分重视，体育和音乐的教育有所加强，并开始有了到欧洲国家学习语言的规章出台。而且生物学和地质教育也推出了新修改的教学大纲。

法国在初中阶段就设立"心理整合教育小组"(UPI)，帮助那些存在心理障碍的学生消除心理隐患，帮助他们顺利地加入快乐、有序的学习中去。同时大力开展"普通教育和职业适应教育"(SFGPA)，就是为了满足那些兴趣和爱好互不相同的学生多样化发展的需要，也就是为他们提供知识与能力上的准备，使他们日后步入社会能够更快适应并得到发展。

从 2000 年 9 月开始，初三年级学生的必修课又新加了一门，那就是"综合实践课程"，增设这门课程就是为了培养学生综合实践活动能力。在具体的教学实践过程中，其实施的措施就是让学生根据自身兴趣自由结合，组成合作小组自主学习，有助于他们更好地掌握学过的知识并应用。初中三年级还新设立了"新技术应用小组"，所有对此感兴趣的学生均可以加入，并且还规定每生每周在此方面学习的时间不可以超过两小时。各兴趣小组自愿结合，其活动的性质同样也体现出了多样化。并且要求每个学校至少要安排两个学科来开展这项活动，要求教师做好对学生成果的评价，并且计入初中毕业成绩中去。

"综合实践"的开展充分尊重了每个初中生的兴趣爱好，并且给了各自能力特长和个性特征发挥的空间，有了更多的实践机会，在实践过程中学生得到了自由而充分的发展。

2. 高中阶段"有指导的学生个人实践活动"(TPE)

从 2000 年 9 月开始，法国开始在高二年级推行 TPE 课程。TPE 是由老师指导，学生自己负责设计的课程，要求学生到高三年级的时候，完成 TPE 课程的实施，其研究的结果也会被计入高中会考的成绩内。TPE 课程的实施，对为学生创设一种生动活泼、自主学习的快乐氛围有很大好处。处于这样的氛围之中，可以使学生情感愉悦、思维活跃，而且学习动机的培养非常顺利，对学生各方面都有着积极的促进作用，同时，这个时候学生能积极地将课堂知识运用于实践，为学以致用创造了条件。教学大纲对 TPE 课程的实施给出了明确的实施步骤，根据要求，国家会列出一份内容广泛的主体清单（每年会更换其中的1/3），学生要在老师的指导帮助下，从中选定自己喜欢的，并且跨越两个学科的题目。同时，避免只考虑兴趣而盲目选题的发生，学生所选课题还要与课程指导教师商量，只有教师同意立项之后，由2～4人组成的学生课题组才能开始准备实施课题研究。而且TPE课程同样允许个人单独进行课程的实施，以便充分展示学生的特长及才华。

TPE课程的实施为学生积极地开展探索活动提供了便利，其特点就是需要通过选择课题来确定实施，因为只要选定了课题，就意味着探索活动的范围得到了确定，要在课题限定的领域内进行，而且想保证课题的完成，还需要去收集大量的相关资料，以便达到一个满意的结果。一般在开学后3～4周内就要完成课题的确定。在TPE课程的实施过程中，我们不仅会使指导教师起到决定性作用，他们同样也是课题方向的把控者。教师参与其中，可以方便教师在动态中观察、了解学生，更重要的是能提高教师自身综合使用各学科知识的能力。对学生来说，这种学习环境的创设和自己的兴趣紧密相关，能大大激发学生的好奇心，能使学生很快参与，并沉浸其中，大大提升学生的思维以及科学研究能力。

3. 大学预备班的"适度发挥个人创造力"课程（TIPE）

TIPE课程是TPE的更高层次，它包含着科学和工艺学思想方法指导的训练。TIPE课程的根本目标就是鼓励学生去培养优良品质和能力，其中包括思想的活跃性；充分发挥个人创造力；思考问题时的多维度，如逆向思维、发散思维的发展；敢于质疑权威；严谨的学习态度；深入思考分析能力；精确严密的推理能力等。这门课程重点在于激发、培养学生的求知欲，所提倡的是通过深思熟虑后有所收获的学习过程，崇尚自由探索的科学精神，不赞同那些一味地贪图迅速完成工作的想法与做法。

TIPE课程的基础是理科内容。它和大学中进行的科研工作及工业的发明创造联系密切，某些比较实用的成果也可以直接运用到工业生产和研究的实践之中。TIPE 课程实施的前提是培养、提升学生的创造力，也不要求必须有革新成果，只是更多强调了学生的积极参与的态度，并能从参与的过程中受到某种启发。这个课程与通常意义上的研究工作是不同的，它仅仅是一种为学习、探索而进行的思维训练过程。这项课程还以提问、探讨模式为基础，教师会运用这种教学模式传授给学生所必需的基础知识。这门课程同样也有自己的缺陷，那就是受到 TIPE 主题的限制，因为 TIPE 主题和 TPE 的主题一样，也是由全国统一规划，然后隔一定时间再做更换，导致在传授范围上有着非常明确的界限。

在 TIPE 课程实施中，学生以小组活动为基础，在活动中每一名学生都能尽情地去表达创意，大胆地提出疑点，并勇于挑战权威。毫无疑问，这必然带给做这项工作的教师极大的鼓励。TIPE 课程，一种全新的尝试教学，每周开设时长为两小时，并且列入不同班级学生学时之内，这既明示出 TIPE 和学生的关系，也考虑到了学生的工作量，同时也不会给学生带来更多学业上的负担。

在第一学年，TIPE 课程的组织实施基本是为了达到让学生学会学习方法，也为第二年的题目选择做好准备。到第二学年，TIPE 课程的实施就是围绕一些主题来开展。这些主题大都会体现出跨多门学科的特点，而且所跨学科必须相互有所联系。教育部会为每个专业设置一两个对应的研究主题，每两年会换一次。几个不同专业、学科也有可能共有一个主题。在一个专业几门学科共有一个主题时，可以把主题进行再分，细分成若干个子课题，可以使更多的人参与其中。通常，要求每人选一个专业所设定的主题，同时要与指导教师沟通，经过教师的指导，选定与此相关的课题。教师可以对不同主题作出详细的介绍，用以启发学生从自身的兴趣出发自由地选择自己兴趣浓厚且适合自己的题目，并实现经过学生对主题项目的实施，大力提升学生创造力的课程目标。

（二）美国的"项目中心"与"问题中心"

美国国家教育经济中心早在 1998 年，就制定了语言、艺术、科学和应用学习四个领域在 4 年级、8 年级和 12 年级的国家标准，除规定了学生在上述四个领域学习的内容和需要达到的结果和要求外，特别强调了具有"探究"特性的教学策略与方法。同时，美国积极倡导"项目中心"和"问题中心"的学习模式，其根本目的在于培养发展学生自主学习的兴趣与能力，使学生的个性能力健全发展。

1．项目中心

"项目中心"其实是课堂活动的一种实施模式。它的实施是取代传统课堂中以教师为中心的教学模式，强调的是跨学科的、以完成作品或以获得"人工制品"为主要目的、保持学生为学习中心主体的一种学习活动，并且学生能通过对问题的论证及动手操作过程中的探索学习，促进自身的健康发展。

在实际的实施过程中，可能会出现一个或几个要求学生必须解决的问题。但是会因为各项目的具体范围和时间约束各不相同，结果最终导致要求的技术性和复杂性也会有所差别。"项目中心"的学习采用的其实就是一个生产模式。首先，学生要确定创造作品的基本目的，并且明确欣赏作品的对象，要理解研究的题目，并且大概明白据此要设计出的作品，还要制订适合的项目管理计划。然后，学生有计划地进入项目研究程序，并且能自行或者经过协作解决在此过程中所出现的一系列问题，并逐渐完成事先所明确的作品。最后，学生使用或展示他们所完成的作品，教师及时对他们完成的项目进行评价，督促学生反思，总结经验教训，经过对比找出差距。经过这样一系列的过程，学生通过自己大脑和双手的配合完成这个工作，亲身经历了这个时间过程，并在这个过程中收获了知识、提升了技能。虽然这一过程中学生会受到"作品"这一成果的驱动，但学生亲历"项目中心"的学习过程，其中的收获将是受益终身的。

"项目中心"这种独特的学习方法对学生的发展意义重大，具体如下：（1）切实为学生考虑，从学生实际出发，创设了一种满足学生各自兴趣的条件氛围，并直接给出一个直面问题做出选择与决策的机会。（2）提供了一个跨学科学习的机会，创设了跨学科学习的条件，使学生在完成项目的过程中掌握运用和整合跨学科领域内容的能力。（3）建立了一个课堂与社会实践相沟通的桥梁，通过项目实施，学生提高了社会生活技能。学生为完成项目而掌握的许多技能是其以后步入社会所必需的，而学生创新精神的培养和解决实际问题能力的提高是根本的收获。（4）创造了一个师生共建良好关系的机会。在活动中，教师的角色是指导者、共同学习者与探索者有机结合。师生会一起参与设计、修改作品，共同探讨、调整工作进程，共同面对困难，也共同分享作品完成时的喜悦。（5）为教师之间、师生之间及学生之间的合作、交流创造了最好条件。

2. 问题中心

"问题中心"其实就是一种关注经验的学习过程，就是以现实生活中实际存在的一些不明确的问题为中心、为出发点，由学生自己或者合作，展开调查、分析、评价、探讨，并寻求最终解决问题的方法、策略、途径而组织的学习。"问题中心"的学习课程能为参与者提供真实的情感体验。当学生面对某一问题，而且置身于问题相关联的情境中时，就会极大地调动学生的感官，使学生产生情感共鸣，在这种特定的环境能够吸引学生的注意力，并且可以持续激发学生在实践过程中的自主探究兴趣，也会极大地刺激学生的思维活跃度，促使学生积极地运用逆向思维、创造性思维去探索学习，以寻求解决自己关心的问题的策略与良方。这个过程中，学生是主体参与者，是致力于解决问题过程的亲历者，他们会对问题做出自己的分析与评估，包括其背景条件、现状及发展等各种与此相关联的因素，并逐渐开始对问题进行剖析，经过对问题细致的研究之后，会全力去探寻解决问题的途径、找寻解决方法、制定解决策略，并且会探求解决问题的现实意义，从而使参与者成为积极主动的探索者。

"问题中心"的学习是以问题作为开端。所以"这个问题"非常关键，具体操作中，这个问题经常会有一些加工，使其呈有故事情节的引人入胜的情境或者呈现出案例学习的格式，这个问题也可能会被设计成"消极的"或者是现实生活中的复杂状况的高度模拟的状态呈现给学习者。"问题中心"的学习具有复杂性，采用"探究"的学习模式。基本实施过程如下：首先，呈现出一个问题，学生通过对问题的理解，通过各种途径去收集与此相关的资料、信息；然后，开始对收集到的资料、信息进行一系列分析、研究、分享、总结等过程；最后，学生将依据前面过程中所总结出的结论，确定问题解决的方法和策略，也就是为他们的探索学习做一个结论（这也许是一个最终的结果，也许根本就没有结果）。学生在完成这些后，需要花费一定的时间来对自己的表现进行反思和自我评价，以促进自己能力的提升。

所有"问题中心"的学习，其整个过程的驱动力都是"问题"，解决问题自然就成为这种学习过程的中心任务。但在现实的学习过程中，学生的注意力或许不是聚焦在解决问题之上，而把更多的注意力集中在各种解决问题的方案之上。有些"问题中心"的学习过程，其基本流程就是要求学生清晰地定义问题，有创造性地提出假设，能收集足够的资料信息，最后能清楚地阐述解决问题的策略方法。还有一些就把问题融入本学科学习的案例，也许就得不出一个最终答案，没有具体的解决问题的方法，但学生自主参与学习，经历了信息收集与分析的活动，对学生的发展也有极大的益处。

"项目中心"和"问题中心"的学习有一些相同之处。首先，它们的英文缩写相同，都是"PBL"；其次，它们都是一种教学模式、方法。两种教学模式都非常重视学生主体地位，教师的角色也基本相同，指导者和共进者。在一段时间内，学生基本以小组形式合作学习、工作为主，多种信息源会为问题解决提供帮助，所以教师鼓励学生多方面全方位去收集信息。

同时，两种方法都强调评价，而且要及时准确，要以其真实表现（包括过程和结果）为依据来进行。

事实上两种学习方法有很多共同点，但也不是完全相同的。"项目中心"的学习更多适用于学校阶段的教学运用；"问题中心"的学习最初是在医学培训和其他的职业预备实习中使用的，之后才逐渐用于学校课题。再者，可以从直观的定义看出两种模式的重心不同，但在实际操作过程中，也会出现两种模式合力进行的情况，但不管怎样，这两种学习模式，都体现出了遵循学生个人学习方式，都属于研究性学习的模式，同样体现出了美国的研究性学习模式的特点。

综上可知，法国和美国的研究性学习开展得比较早，并且都有令人瞩目的成就，是世界范围内的典型，而且他们的教育理念和教育实践都有可取之处，也促使了这种学习模式开始引导世界教育改革发展的潮流，同样为我国大力普及与推广研究性学习，提供了大量的研究理论与实例，有着积极的示范与引领作用。

第二节　研究的过程

　　一段时间以来，我国基础教育遵循课程与科学的有机结合原则。过去，课程和教学方法的改革主要止步于具体的教学方法上。在当前的课程和教师改革中，基本学历和资历基本都是比较简单的一个层次，而高校岗前基础技术培训是新课程的重要组成部分。但是，新课程实施中还存在一些问题：高校教师积极参与和组织基础教育改革的理念不强和经验不足；大多数教师对课程改革深感困惑。首先，适应新课程改革，逐步引入新课程理念，是一个漫长而痛苦的实践过程，包括专业自学、长期自学和短期自学。但是，对课程实施的基本特征和操作要点有了初步的研究和认识。如何处理好基础知识与教学技能的互动关系，提高教学质量，如何有效组织领导小组参与联合活动，如何有效组织学生积极开展更多的教学、科研和实践活动，心理个性和心理差异可能关系到教育的运行和管理，这不比传统教育教学观念的快速转变容易。教师的专业知识在不断丰富，教学活动质量在不断提高，但也面临着许多挑战。大部分教师需要切实可行、针对性强的教学，这就需要教学工作的有效性和跟进性。

　　同时，面对基础教育课程改革的严峻现实，传统意义上的教学科研难以适应。教师和研究人员的研究工作任务只是根据教学大纲来确定的。同时，2016 年国家教学课程和一些具体的课程实施建议，明确指出，教师不仅是教研活动的主体，还应有行动目标和行动计划。教师和科研人员经常通过课堂现场的听和看，直接进行"临床诊断"。他们的专业评价始终基于统一的评价标准，他们的专业评价结果严格纳入学校的行政检查和管理。面对新的国际形势和新的历史挑战，迫切需要改进、创新和完善教学理论研究体系和教学研究管理方法。要努力把教学理论和教育重心转移到高校，建立民主、开放和高效的教研机制。

一、校本教研的实践思考

（一）校本教研实践与创新

1. 校本的教学和研究是一种创新

总之，校本教研是一种新的教学活动，是教师的一种教育行为，主要表现在教育、学习、科研等领域。校本教学实践研究的主要理论特征是：促进每个学生的健康发展。研究解决教学实践中存在的问题，保证教师有机会参与新教材改革实施，以教师为教学活动主体，总结推广教学实践新经验，促进学校全面发展。校本教学研究工作的最终目标是组织和实施各种有效的教学和研究实践，创造性地开展新的教学活动。提高基础教育课程教学能力，全面提高基础教育课程教学质量。随时了解和解决教学中可能出现的困难和问题，在教学实践中总结和探索新的经验，逐步提高教师的专业知识水平，掌握各门课程的教学技能。这些仍然是教研的首要任务。

2. 校本的教学和研究是一种实践

在教师改革实验中，刚进入实验课堂的教师往往面临着具体、特殊、真实的人格问题，这些问题真实地反映了每一位教师的人格差异。因此，教师应该通过学生的个人参与意向来积极规划教学方向。学校一直是"校内教研"的主要活动场所。学校教研发展必须成为具有学校特色的民主学习研究组织，努力营造务实、民主和积极的教研环境。要改变德育技术研究水平不高的尴尬局面，鼓励全体教师积极参与教研活动，互相学习，讨论研究，配合教研，分享工作经验，提高德育研究水平。校长要有长远的眼光，成为具有特色的综合研究型校长，成为校本教学研究的学术带头人。比如要重视学科教学的研究，不仅要研究、统一推进学科教学的进展，还要探索如何创造性地运用传统教材，开发创新教材，丰富学生日常学习体验，积极主动地学习、合作、互动学习，不断创新发展。

不同知识层次的教育都出现了许多新问题，解决这些问题的唯一途径就是把学术研究作为学校教育中最重要的教学活动之一。科学研究是整合的主体，充分反映了科研的现状。教学研究的组织者和参与者要将实践理论与教学实践相结合，主动地回答"做什么""为什么做"等问题。如何在教学实践中做到这一点，提高对教学实践的认识，从而获得对教学理论和实践更有价值的认识。校本研究是学校教育调控机制的新亮点，也是学校管理研究机制成功的重要契机。在校本教学技术研究的基础上，要充分发挥校本，发展城市和地区教学技术研究的重要作用，充分发挥校本理论研究、咨询和教学服务的重要作用，经过多年的教学科研，逐步实现向专业研究机构的转变，实现了教学科研方法和工作机制的创新。

校本教学和研究并不意味着学校可以自我封闭。完全在内部搭建教研平台和"校本教研体系"，学校领导和一线教师要自觉加强与学校的合作和沟通。在这方面，教育研究机构可以在促进教师发展方面发挥重要作用。

第一，根据各自的特点和学习场所，联合开展学校的教研交流活动。定期组织课程改革常见热点课题研究。

第二，在学校教学和传统教学的基础上，打破学科之间的高度隔离，开展跨学科的综合性教学活动，深入探讨各学科教学中的一些共性问题和难点。

第三，在学校教研的基础上，教研活动要在教研的大背景下进行，有效、准确地避免低水平学科重复参与研究，充分发挥其在大规模研究中的优势，提高科研水平。发挥教研优势，根据研究者意愿和联合研究类型，成立联合研究小组，各参与学校指定研究负责人，教研区负责组织、协同、指导本学科教研人员。

第四，在教育科研活动的基础上，不同学科的各种教研活动、知识交流与碰撞逐渐形成良好的学习情境，共同进步。

（二）校本教研的主要实践因素

教师研究者、教师研究团体和专业研究团体是教育的基本组成部分。三者形成了高等教育与科学研究的三角研究关系，形成了促进教学科研的三种基本教学形式。教师自我反思与科学研究相结合、教师自我反思与自我研究相结合、科研教师培训团队的互助、教师和专业研究人员的科研管理，促进学校教育和科学研究。

1. 自我反思

自我批评与反思管理是教师作为个体，把自己的教学实践作为最重要的思想评价对象，认真审视自己的教学行为和教学中可能产生的结果的过程。从科学的本质出发，是科学理论与社会实践的深度对话，是相互理解和沟通的重要桥梁。教师的自我反思不仅是自我教育与道德教育的对话过程，更是理想自我与社会现实本身的精神交流。

（1）课程实施前的反思

此时的反思往往是一种预设性反思。通过科学的、可预测的管理理念，可以预测教师的实际行为。使实践教学活动发展成为自觉的、科学的、探索性的教学活动。

（2）教学过程中的反思

在教学管理过程中，需要反思教学问题，解决和分析可能出现的教学问题。班主任的自我意识和反思具有主动监控性和现实性的特点。加强对教师的动态控制和积极的教学管理是促进教学发展的重要手段。

（3）教学课程实施后的反思

教师在对活动进行分析反思之后，要对自己的分析反思进行批判性的审视和分析，对分析反思的内容进行反思，对教师的活动进行分析反思，做出预测。有效评价总结教学活动，提高教师分析水平，逐步培养教师成长能力，形成优秀教师团队。当自我反思或多或少地外向时，按照布迪厄在《实践与反思》中的说法，自我反思要求个体把自身看作既是反思的对象，又是反思的承担者。教师在教育的具体教学活动中起着重要的作用：现代教师本身既是活动的引导者，又是实践的评论者，是被动接受者的家长，是现代教育的主体。

2．同伴互助

自我反思已成为我国校本教研工作的重要前提，师生团结已成为我国校本教研工作的基本要求。教师进行自我反思，形成相互学习、与同事互动的教研团队。相互合作是学校和科研领域的基础组织形式，包括同伴对话、合作和帮助。

（1）进行口头交谈。在对话的过程中，师生对话有不同的层次。师生浅层次、深层次对话的主要目的是交流对话信息和对话经验。只有充分开发和激活对话信息和对话体验，才能实现这一目标。只有通过学习伙伴的对话，我们才能获得很多新的信息，开始新的对话和学习。深化专业学术链的主要目的是进行专业学术交流和专题讨论。教师在具体讲课中的发散性讨论过程是相对自由的。讨论这些差异的过程，一定是社会科学最基本、最动态的形式，也是教师论坛中最重要的形式。尤其是不同专业的教师，在表达对一个重要学术问题的看法的同时，应该表达自己的观点。在专题讨论中，每一所学校的每一位教师都应该能够接触到其他学校的教师能够学习到其他东西。

（2）团队合作。合作旨在帮助教师分担责任，完成教学任务。在教学大纲的背景下，很多教师往往被迫分享一个研究课题，或者有着相同的困惑或相似的研究问题。在交流合作中充分尊重每一位优秀教师的研究方向和个人观点；为了让每一位教师在相互学习、相互发展的环境中和谐成长，充分发挥每一位教师的主体作用，每一位教师必须在竞争、互动、合作中相互支持、共同成长。

（3）需要帮助。在一个教学团队中，总会有一些具有这样或那样的教育专长的优秀教师，总会有许多具有丰富教育经验的教师。甚至可以把他们作为相互学习交流活动中的核心人物，肩负起互相帮助、监督和指导其他教师的重任，让他们尽快完全适应教师角色和工作环境的发展要求。比如很多学校教学的骨干教师和技术带头人都是德才兼备的优秀人才，他们是学校教师队伍的技术核心和重要骨干、骨干教师、学科带头人等。要充分发挥他们在师生互助中的积极引领作用。

要加强学校集体教育改革的讨论情境，使学校真正发展成为一个民主开放的教育讨论活动场所，其中特别要强调的问题是教师学校集体内部关于教育专业知识的争论。在校外教材的教研中，需要一些在学校有一定威望的核心教研人员，特别是一些在学校有一定威望的高水平大学领导，以及一些在学校有一定威望的教师。尤其需要特别注意不同教学理念、不同教学行为的引导和支持。这将有助于培养教师学术理论对话和批评的教学文化，营造教师可以自由辩论的学术氛围。例如，同行需要努力实现：

（1）表达自己的观点并为自己辩护。重在引导教师独立思考，表达自己的教学意见，不盲从他人意见，不牵强附会；教师应尽可能准确、合理地阐述自己的教学观点。

（2）不同的意见和观点之间有激烈的对抗，讨论中有激烈的争论。强调不同时代学术观点的相互影响、碰撞、对抗、比较和认同。

（3）专家的结论不可能全部是科学的。强调个人对各种认知感受的消化吸收，介于自己的认知消化吸收感受、知识和经验与他人的认知消化吸收感受、知识、经验和经验之间，需要同时对接、包容和批判。保留不同的个人观点或意见。

3. 专业领导力

学校的教学科研以学校为依托，以学校为单位，但不限于学校。参与者可以不是学校的教师和员工。专家是提高学校教学科研水平的关键因素。专业人才是科研的骨干，具有信息资源优势，为高校的教学科研提供了学术支持。因此，专业研究人员是学校教学科研的重要组成部分。没有专业人员的学术支持和专业建议，学校的教学和研究可能会在低水平上重复。因此，在专业人员的支持和帮助下，在可持续发展方面取得实质性进展是教育和研究的关键因素。

专业人员主要包括各级教研人员、科研人员及大学教师。在基础教育中，中小学教师是专业的课程的教学工作者，而在教学环境中，中小学教师是专业的技术产业人员。在信息交流的过程中，参与学校教研可以为学校教研提供新的信息和理论支持。

二、校本教研的实践运作

（一）校本教研与校本课程开发的关联

2001年9月，基础教育课程教学改革重点实验正式启动。同年，教育部颁布了《基础教育学科课程教学改革实验纲要（2015年试行）》等一系列配套方案，鼓励教师对基础教育课程进行相关研究和反思。校本的教学和研究与校本的课程密切相关，可以相互配合，发挥互补作用。校本通过教学和研究开发校本课程的具体操作包括：学校层面的总体课程设计和开发、各学习领域层面的课程设计及班级（教室）层面的课程设计。

1. 通过校本教研，整体设计校级课程

校本的教育是一项统一目标的教育事业，不是一个人就能完成的。要鼓励学校带领全体职业教育人员，动员和引导学校利用一切教育人力资源，发扬合作共赢精神，反对个人主义，逐步形成共识，构建学校教育和整体课程目标的共同图景，培养学校团队精神。

（1）应成立学校课程评审委员会，对公立学校的具体课程计划进行评审，确保义务教育的教学质量。委员会全体成员可邀请校长，包括各级学校教育行政人员、一级及以上教师主任、家长代表和学生社团成员等。必要时也可外出邀请相关领域的专家、知名学者代表参加咨询。

（2）全面深入研究学校的教育条件、社区学习环境、家长的教育期望、学生的学习需求等相关关键因素，结合全体兼职教师和学校社区资源的综合开发，制定校本教育课程，并认真研究制订全校的整体课程计划。

（3）根据学习领域制订学校课程计划，包括本学期和本学年的课程发展目标、单元活动主题、相应能力指标、课时和备注。

（4）建立和完善课程实施学校教育班备案制度，以供借鉴。在学校班级课程实施备案前，学校老师要收集整理今年学校班级课程实施计划的资料，上报教育主管部门备查，并保留适当的材料备查。

（5）各高校必须根据学生群体的不同特点、学生的综合学习能力和实际需求，选择和开发自己的课程基础教材，并根据自身情况制定适合自己课程的国家校本课程，和需要为课程设计灵活教学时间的其他地方校本课程。

2. 通过校本教研，在课堂层面设计班级课程

课程改革为教师提供了发展课程的机会，特别是在学习领域的设计和学习领域的整合方面。不同的研究领域必须与学校课程的总体目标相结合，有助于普通课程和其他领域课程目标的实现。每个学习领域都有四个明确的任务：

　　　　　○ 学习与研究：教育可持续性发展的推动力　●

（1）突出它所提供的具体知识和技能。

（2）展示其具体知识和技能如何与其他项目协同工作，以扩展课程。

（3）强调其在改善学生学习成效方面的作用。

（4）教学和学生资源，包括帮助学校与邻近社区建立联系，进一步发展校外工商企业等教育机构。

教师通过学校的教研，在课程的指导下，遵循课程的逻辑顺序和学生身心发展的过程，把学生的学习领域和生活经历有机地结合起来，尊重社会需求和办学特色，组织教材中体育教学要素的内容。就概念、原则、技能、价值观等要素，安排相关课程，使学生实现全面发展。

（二）校本教研行动步骤

1. 陈述班级课程和教学关注的问题

在学校教研之初，教师首先要确定要研究的问题，问题的重点是什么，并对问题进行描述和说明：

（1）描述课程开发问题的背景，以及相关问题的性质和背景，如学校所在社区的特点、学校类型、班级特点、课程主题、学生性别等背景。

（2）解释问题。比如教务管理、教材教法、资源媒体、学习活动等。

（3）说明问题要点。比如学生如何提高学习会话的能力。

（4）说明为什么关注这个问题，以及这个问题的重要性。

（5）说明学生能对这个问题做些什么，能取得什么成就。

2. 制订解决这些问题的行动计划

一旦问题搞清楚了，就要谋划制订解决问题的方案。围绕这一问题，本文探讨了解决问题的各种方法，并提出了解决问题的假设策略，即一旦确定了问题的领域和优先顺序，就必须对行动计划进行规划，避免混乱和支离破碎的行动和思维。具体来说，就是：

（1）说明解决问题的长期计划；

（2）说明解决问题的中期计划；

（3）解释最近可能解决问题的行动步骤；

（4）指出用什么方法可以收集到哪些可能的证据和数据。

3. 寻找可能的合作伙伴

为了校本教研的顺利有效开展，需要为校本教研顾问选择合适的人选，以便在必要时进行咨询，并通过具有批判反思能力的专业人士提供建议和咨询，减少错误的发生。

特别是在决定使用的方法时，需要咨询参与者，避免收集太多无用的数据和信息。因此，我们应该使用适当的方法和策略，通过咨询收集有用的信息。同时考虑参与者的能力水平、意愿和态度。为了赢得更多的业务合作和技术支持，需要向父母、学生和同事或专业技术专家寻求技术建议或技术合作，并邀请他们从不加批判的科学角度讨论解决方案的正确可行性，然后共同研究可行的解决方案。因此，思考以下问题有助于选择校本合作伙伴：

（1）本次合作的主要参与者是谁，参与者在我的校本教研中应该扮演什么样的重要角色，对我的校本教研工作有什么样的贡献？

（2）合作伙伴认为可行、能解决问题的长期规划。

（3）合伙人认为可行、能解决问题的中期计划。

（4）合作伙伴认为可行、能解决问题的短期行动步骤。

（5）合作伙伴认为哪些方法可以用来收集有用的信息和有效的数据。

4. 采取行动实施计划

在与合作伙伴形成必要的共识后，研究计划可以进一步实施。在研究实施过程中，需要收集各种可能的数据和证据来证明研究过程。作为一线教师，如果能妥善处理和应用在解题过程中获得的数据，就能增强对问题场景的深刻理解，为校本教研改进教学提供依据。在收集数据的过程中，

○ 学习与研究：教育可持续性发展的推动力 ●

要注意以下几个问题：

（1）说明收集了哪些信息和数据。比如教学活动的照片和视频、作业、作品、档案、面试记录、学生辅导记录、学生试卷、学生活动的照片、自我反思笔记、教学后记、直播日记、练习文稿等。

（2）通过举例说明数据的主要内容是什么。比如课堂上多个学生同时提问的频次，学生同时回答课堂问题的正确率，学生同时参与课堂讨论的积极性和活跃程度，考试成绩的巨大进步，师生互动的频次等。

（3）指出如何收集数据，如观察、访谈和评估。

（4）说明采用什么手段和工具收集数据，如观察表、访谈设计、评价量表等。

（5）这些材料和数据可以证明实现了什么目标或者解决了什么问题。

5. 评估和反馈

评估和反馈是校本教学和研究的重要组成部分，可以帮助教师理解原计划的意义、有效性和影响，并最终得出结论。就校本教学和研究的成效而言，引入研究型策略会带来什么变化？你能达到你最初的目标吗？学生学习更积极、成绩更好吗？教师能否变得更有效率？课程开发的方法、策略和步骤能否推广到其他问题场景？如果问题不能顺利解决，就需要采用新的策略来解决问题。因此，评估和反馈是校本教学和研究的重要组成部分。

6. 研究成果介绍

展示校本的教学和研究成果是非常重要的，如果研究人员能够以适当的方式表达和展示研究成果，将有助于解决类似的问题，并说明研究的有效性。

校本的教学和研究成果通常描述一个故事，其中应该尽可能简单地解释事情的来龙去脉。因此，校本案例研究报告是教学和研究成果的适当方式，不宜用太多抽象的理论来写过长的研究报告。教师必须习惯于批评他们的自我反思陈述，这是对他们的研究成果和过程的口头陈述。校本的教学和研究是基于对问题实际情况的研究和讨论。

总之，学校的教学和研究重点是课程开发和教师专业成长。过去，教师的专业素质逐渐下降，导致了专业发展的"先天缺陷"。新课程强调学校教学和科学研究，一是提高教师专业素质，提高教师专业技能：二是课程设置不是一套预定的教学内容和教学技能。一方面，要在一定的时间和空间内提供教学描述和行动手段，引导课程的深化和发展；另一方面，课程是一个行动计划，是一个参考系，鼓励教师参与教学研究，鼓励教师成为研究者，根据实际情况和理论思考确立教师的专业地位。

○ 学习与研究：教育可持续性发展的推动力 ●

第四章

学习与发展

第一节 学习的研究

1996 年至 2003 年，我国教育理论界关于教育研究方法一般问题的讨论主要集中在教育研究的结构、理论基础、历史考察、一般过程及中小学教育研究的定位等方面。

一、历史发展

教学方法的发展历史可以分为几个阶段。在教授知识的第一阶段，教育学理论研究的哲学方法论意识十分模糊，甚至没有从教育哲学的母体中解放出来。在以科学分析、实验、归纳、论证著称的教育哲学研究中，没有鲜明教育方法论特征的哲学思辨仍然占据主导地位。归纳法是一种推导和提出个体理论一般理论原理的方法。它逐渐成为现代科学理论研究中的一种重要理论方法。苏格拉底首先讨论归纳法作为一种基本的逻辑思维方法。亚里士多德对它进行了系统的研究，把它确立为人类获取科学知识的基本科学逻辑思维方法。正是在从古到今的过渡阶段，他掌握了科学知识，本文系统地掌握和分析了前人在长期的技术教学实践中的一些经验和教训，以期对从事教学科研活动的人有所帮助，它创造了一种完全实用、可重复的教学方法。

第二阶段已注重加强理论论证。在科学研究过程中，科学方法意识逐渐增强。实证方法从一定的理论假设关系出发，经过反复分析得出结论。也就是说，实证方法以理论推导为例，验证方法主要有数据分析法、检验法和实验法。

早在 18 世纪末，量化等现代社会理论最重要的研究和发展方式就达到了社会启蒙的最高境界。这些方法直接关系到我国现代社会的长远战略发展规划和现代社会制度设计。这是孔德实证主义对 20 世纪 20 年代现代社会学的创新。他在研究和吸收当代各种社会主义思想理论的基础上，推动了数量社会实证主义的发展。他介绍德国现代启蒙社会学家和思想家在"问题论"的基础上，运用现代实证社会科学的方法进行研究。

对于现代社会学的研究，本文提出了理论与实证相结合的理论与方法。其基本理论是一切社会科学知识的唯一物质来源和基础，必须是对客观事实的观察和分析。一切科学现象都必须遵循不变的自然规律，即不变的时间序列与一切科学知识和实验的相似性之间的关系。现代实证主义社会学的基本方法论不仅仅是科学的实验和论证，也有实践的历史。

二、理论基础

关于教育研究方法的理论基础，近年来教育理论界进行了广泛的探索，提出了各种理论基础。这里要讲述其自然科学基础和系统科学基础。

（一）哲学基础

教育理论界所强调的教育研究方法的哲学基础主要是以下的几个方面：

1. 马克思主义哲学。为什么要首选强调马克思主义哲学呢？因为马克思主义哲学是一般研究的最重要的哲学基础，它对一切研究都有基本的指导意义。它包括两个方面：辩证唯物主义和历史唯物主义。

2. 传统哲学。传统哲学致力于研究天人之间的关系和古今历史演变的规律，而且非常关注人与人的关系，所以其中的人文主义价值占据着主导地位，同样对教育研究方法起着决定作用。传统哲学有着非常独特的自然观、历史观、人性论、认识论和方法论，也就形成了其思维方式的求同性、封闭性，重整体、重经验等极其明显的特性，同样也影响着教育研究方法，并且发挥着重大的作用。

3. 现代西方哲学。同样，现代西方哲学基础也是教育研究的方法论的哲学基础，也是其中的一个重要方面。重点提及的现代西方哲学基础有：

（1）科学主义与人文主义，特别是两者的融合，它们合力指导着教育研究；

（2）逻辑实证主义，其对我国教育研究的作用是非常巨大的，即使后来被其他科学哲学取代，但我们也要承认其地位；

（3）结构主义，其中起重要作用的是方法论的核心：结构分析，包括理论和思想的结构分析；

（4）现象学、解释学、符号互动论及法兰克福学派的批判理论等，是它们构成了质的研究范式的哲学基础。

4. 人本主义。人本主义积极影响着当代教育实验，在其影响下，当代教育实验呈现出以下几个特征。

（1）教育实验的选题趋向于人文性。具体表现为：随着教育研究的深入，学校教育实验的选题从一开始就强调保持学生的主体性、强调师生民主平等的关系、要求师生融洽和谐，从注重知识的掌握转变为注重学生的内心世界、精神世界的提升，也要求尊重学生个性情感目标的追求等。

（2）人本主义强调的是人，而且要求整体来看待人，主张人的每一方面都是彼此联系、相互作用、相互影响的，所以其每一方面的发展都不可能是孤立的。因而，现代学校的教育实验，在实验变量上有突出的特征，那就是整体性和综合性很强。

（3）人本主义强调的是人，而且非常重视环境与人的关系。人本主义定义的环境包括人际关系、生活情境和校园活动。它认为这些环境因素和人的发展密不可分，所以，现代教育实验也会考虑这些因素，对实验情境控制提出更高要求，要求有很强的适度性。

（4）从教育研究的要求说，人本主义重视那些定性、整合和相对模糊的方法，在这样的影响下，教育实验在结果处理方面整合性的特征非常明显。

（5）人本主义还积极影响着教育实验评价，包括评价主体、评价手段、评价结果等方面，在人本主义的影响下，教育实验评价具有鲜明的全面性和完善性的特征。

5. 后现代主义。后现代主义是一个从理论上难以精准下定论的概念，我们可以将它理解为一种广泛的情绪，因为后现代主义所表露出的反传统，其对教育研究方法的影响一样巨大。主要表现在以下几方面：

（1）后现代教育思想首先否定中心和等级，主张去掉本质和必然，从形式上讲强调多元，从方向上讲崇尚差异、主张开放，从思想上讲重视平等，推崇创造，这样就为教育研究发展的方向提出了更多崭新的视角，也促使教育研究从一元向着多维度跃迁；

（2）后现代教育思想消解了二元对立思维方式，同样也让改变教育研究中二元模式有了更多可能；

（3）后现代教育思想批判理性至上，强调非理性，要求尊重人的生命和价值，也使教育研究更加以生为本；

（4）后现代教育思想批判科学主义，使得我们在教育研究中更重视人文，并且能通过人文视角去思考教育的使命；

（5）后现代教育思想同样对权威话语有着多元的解构，使我们有了更多的思考，从而进行话语创新加工，也同样促进教育研究的发展。

（二）基础

教育研究的重要基础是：

1.教育研究中必然会有量的研究。量的研究的重要工具，在教育研究中，会存在很多数量关系。因此，可以对此进行定量分析。经过分析很多教育规律就从量的关系中体现出来，这样可以帮助我们更精确地把握教育现象。除了可以做一般的定量分析之外，还能提供灰色关联和对策论等研究分析方法。

2.从另一个方面来说，它本身就是一种语言，同样也是一种形象的表现手段，而这也从另一方面弥补了教育科研的不足。

3.应用中独特的结构关系，能大大促进教育研究的科学化、合理化。

4.应用是现代中一个分支的分形理论，它也架构出了一种新的世界观和方法论，同样给教育研究展示了新视野、提供了新方法，对教育研究的启示极其重要。

（三）自然科学基础

1.科学作为教育研究方法的基础的历史和现状

长期以来，科学理论一直被视为我国教育教学研究的重要理论基础。据此，有教育研究者指出，20世纪以来，科学对我国教育学术研究的指导作用主要体现在以下三个主要方面：第一，科学规范理论的发展导致我国教育科研观念发生重大转变。第二，科学理论对我国教育科学研究的发展也产生了重要影响。20世纪以来，信奉现代科学规范研究理论和方法的教育者在从事教育科学研究时，普遍需要遵循一系列现代自然科学研究规范。第三，科学规范理论在我国教育研究学科中的不断渗透，甚至科学规范理论本身也对我国教育研究学科的可持续发展起到了重要的推动作用。根据教育研究者的分析，在现代教育科学研究的各种背景和技术条件下，教育科学研究是一种借鉴现代自然科学方法的方法，因为一是在整个现代经济社会中，教育研究涉及的社会问题更加广泛和复杂，这就对教育科学研究的理论客观性和准确性提出了更高的技术要求，从而导致未来教育借鉴现代自然科学方法的思路更宽；二是现代教育信息技术社会为现代教育科研人员提供了多种现代科学手段和研究方法，为未来教育科研借鉴现代自然科学方法创造了更多的现实性和可能性。

2．自然科学作为教育研究基础的主要方面

自然科学教育作为我国教育科学研究的重要方法论科学基础，主要表现在以下几个方面：一是自然科学教育示范的彻底改革精神对推动我国教育科学研究的发展具有重要的理论启示；二是自然科学中各种微观科研手段揭示宏观教育规律的科学方法，对教育科学研究的发展具有重要的理论启示和推动作用；三是当代科技成果为教育研究方法的改进提供了条件和基础。

（四）系统科学基础

1．系统科学是现代教育研究的重要基础

教育科学与现代科学体系的不断融合，为教育科学技术各个领域的研究提供了一般科学方法论的基本原则，教育研究也不断地在引入现代科学体系，将教育科学的基本观点和研究方法运用到现代教育研究中，既是现代教育发展的必要前提，也是科学教学和科学研究的基础。经济、社会、教育和高技术也是世界上可能的现代教育科学理论研究。将系统分析理论引入现代教育科学领域，是一场科学研究的系统变革。分析处理教育培训体系内外的基本关系，整个教育体系与横向的基本关系是教育体系纵向与横向一体化的基本关系。通过这些系统的研究方法，我们可以在整个教育教学的各个环节、机会与社会必然性、机会与社会现实之间建立一种天然的辩证关系。

2. 应用的主要方面

现代管理系统在学校管理研究中最重要的实际应用主要包括以下几个方面：一是现代教学发展过程中的系统管理研究；二是现代教育发展中教与学关系的协调；三是提高现代教育发展中的教学控制能力；四是通过教育研究者的分析，调整教育的整体结构，以适应现代教育的发展。现代教学体系在现代教育理论研究中的实际应用应注意两个方面：现代教育体系研究强调体系结构与科学功能的关系。将功能关系理论应用于现代教育科学现象的研究，不仅对教学有帮助，而且对教师也有帮助。在现代教育领域，一些不合理的制度结构观念的调整或改革，也为我们的学生提供了一种学习和教育的途径。除此之外，现代教育学一个重要而显著的特点是，理论研究与实践研究和应用密切相关，有效地改变了现代教育理论家的研究思路。要引导教育研究者探索教育研究的新途径，改变现代学校制度的科学理论结构，打破旧教育理论的技术框架，发挥更加明显的研究作用。

3. 应注意的问题

一些学者认为，将科学研究成果应用于社会教育中的其他现代科学系统现象时，应注意以下几个问题：社会教育研究中的科学系统现象有其根本的局限性，应充分考虑社会教育研究中的科学系统现象。科学社会教育现象的基本特征是：首先，现代科学体系现象的科学研究成果充分应用于社会科学的应用领域；其次，现代科学系统现象的科学研究方法也必须具有现代科学的一些基本特征，以保证其在社会技术研究，包括社会教育学研究中的充分作用。必须将其社会科学研究方法融入教育，使之成为一般科学方法论的基本特征；最后，在将现代科学体系中其他现象的科学成果应用到社会教育研究中时，我们不仅要认真考虑和吸收现代科学体系中其他现象的优点。我们也要努力避免用系统现象的科学标准取代基本质量要求的重大错误。

三、基本环节

教育研究的过程包括以下五个基本阶段：

第一个关键环节是教育研究课题的分类，教育培训研究的第一个重要步骤就是确定研究课题。只有把重点放在确定了研究课题上，研究活动才能有条不紊地进行。

第二个环节是制定教育研究课程，根据每个研究小组的定义，系统地组织整个研究小组的研究工作。设计各种调研活动，确保调研工作目标明确、计划合理、制度安排有序。教育科学研究的总体思路是一项非常复杂的研究工作，包括相关文献的研究与建议、教育科学研究成果的假设、教育科学研究成果的评价等具体研究工作。

第三个重要环节是对教育科研资料的整理和收集，最终取得真正的科研成果。科学研究主要依靠不同的科学记录来确定新的研究课题和要求，而要设计新的研究数据，就要根据新的研究课题和设计要求来收集和整理研究数据。收集科学数据的方法有很多，如观察、研究、自然实验、查阅科学文献和进行实验研究等多种方法进行资料收集。

第四个重要环节是数据收集、分析和处理。在教育研究中，在做好相关研究课题数据的分类收集工作后，还需要对收集到的所有相关研究课题的数据结论进行科学的分析和综合处理，以便及时发现需要在研究数据中体现的科学规律，并将这些数据作为分析得出相关研究数据结论的重要依据。

第五个重要环节是研究成果的形式化表达。在教育材料的研究中，基于对教育材料进行系统分析和加工的结论，可以直接得出这些研究的具体结论，并以相关研究学术报告、研究学术论文等多种形式表达这些研究的结论，完成了教育材料研究和加工的全过程。

以上五个基础研究环节，就我国完整的教育科研而言，是基础管理研究教学过程。不是每一项新的教育管理研究教学工作都必须包括上述五个基础研究环节。有时，教育科学研究在上述五个基本环节中的一个或几个基本环节可能会有一些重复。

四、明确位置

（一）学校（中小学）教育科研的应有定位

学校教育科研的定位问题是研究者讨论的重点话题之一。综合看，关于学校教育科研的应有定位也有如下几种看法：

1. 沟通教育理论与教学实践是学校教育科研根本目的。教育实践工作者（教师）所进行的教育科研和那些专职的教育科研工作者进行的教育科研是不一样的，具有截然不同的性质，教师的角色就是实践者，这样的角色决定了他们的主要研究目的，如果把目的定位在构建系统的教育科学理论上面，那是既没必要也没可能的。可以说教育科研工作者的根本目的是构建系统的教育科学理论并指导实践，而学校教育科研的根本目的就是沟通教育科学理论与实践。

2. 课堂是学校教育科研的主阵地。课堂汇集了诸多教育教学的热点与难点，是诸多教育教学思想和观点相互碰撞、相互促进的场所，同时，在这里也产生了许多教育教学经验和成果。在这里会萌生、孕育、展现先进的教育理念，这里同样也是实施教育改革实验方案的核心基地，课堂成为学校教育科研的"主阵地"也是当仁不让。课堂成为学校教育科研的主阵地，同样是为了在课堂上以现代教育理论为指导，运用科学的方法，探索、总结学校教育教学的经验与规律。

3. 解决教育教学的实际问题是学校教育科研的主要任务。在教育科研中，学校教育实践有着特殊的地位，其角色定位也很精准，就是育人，这也就决定了学校教育科研的主要任务就是解决教育实际问题。学校教育科研特点鲜明，如微观性、具体性、日常性、中介性、实践性和应用性等。也同样决定了学校教育科研的主要目标必须是实际应用，也就是说要从学校的具体情况出发，以学校、教师所迫切需要解决的问题为根本任务，从教育教学工作，找到教育科研工作的最佳结合点，并且要有机地结合这两方面工作，实现科研与实践的双丰收。在这样的实际情况之下，中小学教师研究课题的选择也要遵循一个原则，那就是要选择自己教育教学实践过程中遇到的实际问题，而且与自己的兴趣相关联，有研究的动力，并且问题的解决有助于改进和提升自己的教学实践。也就是说，教师要选择那些自己教学实践中的实际问题来做课题，进而开展研究，探寻教育规律，撰写实验论文。

4. 行动研究是学校教育科研的重要内容。中小学教师工作的主要职能就是教育教学，鉴于学校教育科研的价值目标就一定要与自己的工作性质相互一致，不要刻意地提高要求，去追求纯理论的严谨和超前，而要更多地结合自身特点，去提倡和鼓励行动研究，把研究的实际指导意义作为关键。其实，从严格意义上来讲中小学教师进行的教育科研可以称之为实践性研究，主要表现在以下三方面：研究问题方面，中小学教师所研究的问题，和他们在教育教学实践中的需要息息相关，或者是一个问题确定的课题，或者是一系列问题综合而成的课题；研究过程方面，它没有追求高大上的纯理论构架，而是深深根植于自身的教育教学，与自己的教育教学活动紧密地交织在一起，相互影响，相互促进；研究目的方面，从研究过程就可以看出，其主要目的就是要改进自己的教育教学实践，达到理论与实践的沟通。

5. 教育经验的总结、提炼和升华应该是学校教育科研的侧重点。教师要在做教学研究的时候，及时提炼教学研究中的经验，要做一个有心人，不仅要注意平时的教育实践，还要注意收集和自己教育实践相关的理论、实践资料，将它们与自己的实践做对比分析，从而在有关教学理论的指导

　　　　　　○　学习与研究：教育可持续性发展的推动力　●

下，对问题加以分析和研究，提炼出自己教育实践中的经验。

6. 学校教育科研应该是群众性的研究活动，其参与主体具有广泛性、群众性的鲜明特征，学校教育科研分工合作的形式非常常见。中小学教师的教育科研呈现出的是一种非个人化的公开探究模式，其研究过程也有突出体现，中小学教师的研究情境多为合作、对话，所以其研究进行过程中会有很多的参与者与合作者。

7. 经验总结法和伙伴互助研究是学校教育科研的基本研究方法。绝大部分的优秀教师，他们的教学经验是来自日常教学工作的，是通过一节节课堂教学创造并总结提升出来的，这不仅是一个理论与实践结合的过程，更是一个日积月累的过程，学校教育科研逐渐开始呼唤经验总结法，促使经验的回归。伙伴互助研究，也就是合作研究同样是一种值得提倡的研究方式。在进行伙伴互助研究，首先合作组织中，每一名成员都会有自己感兴趣的研究课题，然后通过例会制等方式促进合作者之间的交流，形成成果与智慧共享，每个人都可能从别人的课题研究中汲取营养，也能为其他人的课题研究做出自己的智慧贡献，更为重要的是，能够为自己的研究课题得到外脑智慧的援助。伙伴互助研究可以收获多赢的合作效果。另外，还有个案研究等其他不少方法，这些都有适合教师研究的可取之处，也要引起我们的注意。

8. 在学校教育科研的成果呈现形式方面，著作、研究报告可以作为其主体形态，但是我们不能拘泥于此，还应该开发更多的成果呈现形态，以辅助学校教育科研的成果展示与利用。

（二）学校教育科研的偏差——异化

近年来，随着中小学教育的发展，学校教育科研的发展进行中也存在某些偏差，也就有了异化现象的产生。这些偏差直接影响学校教育科研的健康发展，学校教育科研功能的充分发挥受到了严重阻碍，这种现象如果不能引起我们的重视，并且及时修正，那么我国基础教育的建设与发展必将受到更多、更大的消极影响。现在存在的异化现象，主要表现在下列几个方面：

1. 学校教育科研的功能产生异化

学校教育科研在总体上应该是属于应用科学研究范畴的，这同样决定了它的根本功能就是有助于教育实践的改进和提高。可是，现在已经受到了陈旧的教育观念及功利的教育实践倾向的严重影响，使得在某些学校，原来正确的教育科研的功能被其他的偏差功能所掩盖，具体有：学校教育科研逐渐沦为某些人沽名钓誉的工具，学校教育科研逐渐成为教师评优晋职的无形门槛。

2. 学校教育科研的内涵产生异化

某些学校的教育科研内涵变了质，成了变味的教育科研，其表现为：失去创造性，失去活力，失去科学性，失去严谨性。最终就是为"应试教育"推波助澜。

3. 学校教育科研的定位产生异化

实用价值和实践性是学校教育科研最为突出也是最基本的特点，所以其研究的重点也应该在理论与实践的结合点上，应依托并根植于教育实践，其研究的方向也应该重视应用。事实上，一些学校教育科研自身的定位出现了偏差，放弃了其实用性与实践性，反而去追求那些思辨式或书斋式的研究。这就是本末倒置的研究。

而学校教育科研产生异化的原因是什么呢？总结为以下几个方面：第一，教师传统思维的惯性和提高教师素质要求，两者之间不能正确处理，出现了冲突；第二，学校教育科研实施中，实际效果与预想效果之间出现了很大差距；第三，学校教育科研没有找到正确的研究范式，处于一种模糊和定位不准的状态；第四，很多学术研究人员，不管是身份还是身价，给人一种"高高在上"的感觉，造成了实践参与者的心理落差大；第五，教育科研成果的评价机制也不完善，也会让参与者心里面产生失落感，影响教师的积极性。

（三）学校教育科研的定位回归

我们一定要改变学校教育科研的异化状态，让它回归到应有的正确定位。为此，我们需要从以下几个方面去努力。

1. 发出"让教师成为研究者"的积极倡导，消除教师的心理疑惑，激发教师参与热情。

2. 掀起科研热潮，营造"科研兴校"的研究氛围。首先，要想方设法为提高教师的科研素养而做工作；其次，要千方百计为提高教师的科研条件而做努力；再次，要多层次、多方面建立学校教研组织，使本校教育科研活动正规化、制度化，逐渐内化，使教育科研成为学校日常工作的重要组成部分。

3. 进一步明确学校教育科研的应有定位。首先，要深刻去理解学校教育科研与其母体的异同点，准确把握学校教育科研的基本特点；其次，搞清楚本校已有的资源及教师的真实需要、教育教学中存在的现实问题，寻找准确、现实的研究课题，从而找准本校教育科研的突破口和新的生长点；最后，结合自己学校的实际情况，明确本学校的科研方向和立足点，从而使要进行的教育科研与学校的发展规划、教育教学改革紧密结合起来，实现多赢。

4. 构建学术研究人员与一线教师沟通的桥梁，加强两者之间的对话、交流与合作。首先，应为教师提供参加各种学术活动的机会，使教师多置身于教育理论提升的氛围中；其次，应加强与院校、教育科研机构的协作，共同研究，要尽量提倡行动研究；最后，要注意教师教育研究理论不足的情况，要取长补短，充分发挥科研机构的指导、培训、咨询和服务作用。

5. 完善教育科研成果的评价机制。首先，评价标准体系是科学可行，并且具有很强的可操作性；其次，评价的关注点不应该是论文数量，而应该是项目或课题的质量及其所带来的社会效益。

五、数量研究范式

（一）概念

对这种量实证研究的理论范式，有些研究者甚至称之为定量实证研究或定性的量实证研究，也有学者称之为定量实证研究或者分析研究范式。因此，有研究者认为，定量实证研究的理论范式是以教育发展的事实规律为主要研究对象，运用各种研究工具，最终发现教育发展规律定量实证研究的理论范式。也有研究者认为，定量实证研究范式遵循了一种以数理逻辑为导向的实证主义原则，其中包括应用数量实验法和两种类比验证假设—逻辑演绎法。另外，也有研究者认为，定量实证研究范式是基于数理逻辑，借助于多种研究工具，进一步提出数量实证研究范式，即由研究者预先设定假设，最终确定某些具有某种因果关系的变量，然后运用一些理性工具，对这些变量的结果进行测量和逻辑分析，从而最终验证某些预定的假设。

（二）哲学基础

一些学者认为，定量科学研究范式的主要哲学理论基础应为客观科学主义，有些学者认为，定量科学研究范式的主要哲学理论基础应为客观实证主义。

1．兴起

伴随着理论实践范式的不断发展，现代科技定量研究具有深刻的历史背景，具有继承社会主义特色科学文化和现代科技认识论。自 17、18 世纪以来，自然科学有了很大的发展，工业工程学的高技术发展迅速，成果显著。因此，一种以不断更新和考察古代哲学学术思想渊源为基本任务的现代哲学学术研究的新传统模式，逐渐受到广泛的质疑，科学的新方法及其学术研究也逐渐发展起来，并取得了学术领先地位。19世纪中叶，孔德创办了新的哲学体系——实证主义哲学，它是以现代哲学理论的经验和社会科学理论实践为基础的。这是实证主义哲学的经验论哲学之一，即所谓的"真正的科学方法"，竭尽全力普及和应用于社会各领域的人文、社会科学、自然科学等学科。

2. 演变

从20世纪初到30年代，教育史上可以称之为"量的研究范式的全盛时期"。20世纪50年代初，量的教学再次普及。人们逐渐忘记了定性教学的理论和方法，开始采用定量教学。20世纪60年代以来，人们开始反思矢量力学的一些局限性。20世纪80年代以来，教育科学研究逐渐发展起来。近年来，人们开始反思定量研究的局限性。教学方法的发展趋势被视为定性研究的载体，定量研究的水平逐渐下降。

3. 功能和限制

（1）功能

定量科学假设范式通常具有结构清晰、不可预测的特点。它通常有助我们观察一些常规科学现实中其他变量的相应变化，并通过其他变量的相应变化间接地指导科学研究。为新的假设创造直接的检验情境，直接或间接地发现因果关系或数量规律，数量研究范式不仅有助于我们避免重大错误，而且有助于我们从对立和竞争的角度进行选择。

（2）限制

定量研究范式有以下局限性：

第一，从教育研究者的角度看，教育研究的对象及其研究具有实证和分析的理论范式，实际上是教育的具体理论事实。这是一个脱离各种价值梯度的具体事实，在教育研究中往往难以保证，因为整个教育研究都存在于价值与意识无形互动的经济网络中。

第二，数量研究范式追求数量，但自然科学数量教育的主要研究对象往往比自然科学更为复杂。定量研究和科学研究采用严格的教学分析工具，一些学者盲目地进行定量分析。尽管受研究对象类型和研究条件的限制，教育研究过于依赖实证分析范式。这对那些试图忽略一些无法用教育变量间关系来解释的重要因素的研究者产生了负面影响。只关注容易量化的非核心指标，会降低研究的质量和科学性，因为它们犯了教育方法论的错误；由于研究方法的复杂性，统计和统计方法非常复杂，忘记了数据是呈现教育现象和规律的手段。

第三，从研究对象与研究主体的关系来看，只有把研究对象与研究主体结合起来，才能更好地认识研究对象和研究活动。不同的关系应该采用不同的研究范式，而不是实证分析范式。

第四，如果定量科学研究不能建立在合理的确定性理论基础上，就有可能被科学误用，或者作出不合理的科学陈述，从而得出错误的结论。

（3）单纯依靠数量的研究范式的危害

从当前现实来看，单纯或过度依赖素质教育研究的理论范式，很容易从一个极端走向另一个极端，造成消极后果。由于没有充分考虑现代教育研究的复杂性，许多学者发现很难对教育现象进行量化，在研究过程中，也很难对教育现象进行量化。他们关切的是，指标的设计不充分或有缺陷，指标的设计不适合研究。他们没有自行设计量化指标，而是试图利用现有指标，主要有以下几种现象：首先，研究方法的创新基于研究方法的选择；其次，无论是什么问题，都要采取定量的方法，即把车放在马的前面；最后，沉迷于数字和定量研究的人往往把注意力放在数字游戏上，即数字本身就是目的，而忘记了研究目的与研究手段之间的关系。

（三）实施步骤

量化研究范式的实施一般包括三个步骤：一是获取可信度高的研究数据；二是检验假设——演绎；三是根据假设检验的结果提出和构建新的理论，或者对人、事件、行为、过程、意义等给出合理的解释。研究人员希望根据结论或理论关注的问题，并对研究问题中关于"什么"和"为什么"的问题给出合理的答案。

（四）层次

一般来说，数量的研究可以在三个不同的重要层面上全面展开。在第一个重要层次，通过对教育研究中对象及其数量物理状态的综合分析，揭示事物的物理特征及其规律性；在第二个重要层面，我们运用一定的教育理论模型方法，对一些教育研究中的对象或教育经验中的材料进行综合分析；第三个重要层面是为某一理论模型创造一个新的、适用的教育研究模型，使整个教育学科研究体系的结构更加优化。

六、定性研究范式

（一）称谓

"质的研究"的英文是"qualitative research"。对于这种研究范式，研究者使用的称谓如下：第一，称之为"质的研究"；第二，叫作"定性研究"；第三，最初叫"定性研究"，后来改名为"质的研究"；第四，叫人本主义理解范式；第五，叫作"质化研究"。

"qualitative research"一词在引进之前被翻译为"定性研究"，在台湾地区和香港特别行政区被翻译为"质的研究"，在传统的研究方法论中，质的研究有其特殊的含义，多指研究者自己对问题的思考和看法，多从思辨的角度描述研究问题。这种定性研究中的思维方式与传统研究中的思维方式大相径庭，所以把"qualitative research"翻译成"定性研究"似乎不太合适，容易造成概念上的混淆和误解，所以翻译成"质的研究"或"质化研究"更合适。

（二）定义

关于质性研究的定义，主要有以下几点：一是质性心理学研究是从实际心理学研究中收集所有必要的心理学数据，观察自然界中的各种事件和现象，描述这些事件自然发展过程中不同心理行为的自然发生，记录不同自然条件下的研究结果。参与式人体观察、定性参与方法、定性参与观察、案例研究、实地考察等。二是质量一般被认为是一种定性的方法。本研究的目的是运用实地案例经验、分散案例视角等多种方法，对我国社会经济现象的性质进行深入细致的长期分析和研究。三是定性分析是在案例归纳分析的基础上进行的。四是定性研究是基于经验和直觉的研究方法。人们普遍认为：在自然经济的背景下，我们可以运用多种社会数据收集和分析方法。为了分析和研究的一般社会经济现象。我们可以采用系统归纳的方法，对社会数据和资料进行综合分析，形成科学的理论。

（三）哲学基础

一些研究者甚至认为质量仍然是现象学、解释学，尤其是解释学。一些研究者认为质量是现象学的解释主义；也许有些研究者认为，质量还包括解释学和人文主义；一些研究者认为，还包括现象学、解释学、符号学和互动主义、法兰克福学派批判理论、波普的批判理性主义、库恩的范式转换批判理论，以及拉卡托斯理性主义、费耶阿本德哲学认识论的批判无政府主义，以及当代美国哲学的批判语言学探索；一些研究者认为质性伦理学研究的哲学基础理论包括质性人文主义、自然伦理学等；一些研究者认为，定性哲学研究的基本理论哲学基础主要包括定性建构主义、后来的

　　○　学习与研究：教育可持续性发展的推动力　●

实证主义、解释学、现象学等。

（四）历史

1. 质的研究范式的兴起

质的研究理论和范式可能在 20 世纪中叶兴起。因此，根据分析结果，有科研人员认为，早在 20 世纪初，美国"芝加哥学派"就广泛研究和应用了科技研究中以质和量相结合的方法。

2. 质的研究的演变

质的研究一度被当代人遗忘，但自 20 世纪 60 年代以来，人们重新审视了质的研究范式与定量科学研究的一些局限性，重新认识到质的研究的理论范式在社会科学理论研究过程中的重要指导作用，并再次开始运用质的研究方法深入研究各种社会科学问题。这是对直面科研的深入反思。在科研方法论、科研内容、具体科研工作程序等各个方面进行了系统的科学研究和深入的探索。20 世纪 80 年代初以后，教育科学研究领域逐渐开始重视方法在量化教育研究中的应用，并逐渐发展成为一种发展趋势。因此，有人认为，从质的教育研究转向矢量研究是教育研究方法的发展趋势。然而，近年来，对不同专业学科教育课程的教学实践、教师的教育理念、学生的自主学习活动等实践问题进行深入分析和研究的成功案例很多。

3. 特点和适用方面

（1）特点

研究人员更多地讨论了定性研究的特点。综合起来，它们包括以下几个方面。

第一，质的科研数据是媒体描述性的，其中使用的研究数据主要是通过媒体描述性研究数据收集的。研究者主要从现场媒体观察调查记录、媒体对关键人物的采访记录、文献、图片、实物等方面收集研究数据。通过具体描述这些最具历史意义的研究资料，研究者导师正确地解释和分析了需要研究的问题，并将这一系列描述性的研究资料详细而具体地充分展示给读者，使读者对研究过程中发生的事件的基本内容和发展过程有一个清晰、完整、生动的基本认识。

第二，质的研究是整体性的，把领域内的人和事作为一个整体来研究，是对研究对象的整体认识。

第三，质的研究主要强调自然社会情境中的自然心理探究，不同于寻求脱离实际的一般理论结构，收集自然社会情境中自然社会事件的心理数据。它特别注重把握语境主义的语境，从现场时间关系的因素结构出发，深入分析和发现现场事件及其发生的连续时间关系和意义。换句话说，质的研究方向是"临床的"，实际研究问题不是参照"手术现场"定义的某个变量过程重新定义的，而是可以参照现场实际情况变化不断重新定义的。

第四，质的研究主要从实地调研受访者的价值观角度研究这一问题，关注实地当地参与者的价值观，从实地当地内部人士的价值观角度深入了解他们是如何用眼睛看世界的；质的研究调查不需要判断任何价值观，但研究者只注重了解被调查研究者的价值观。

（2）适用范围

质的研究特别适合教学实践性强的学科，比如我们的教育，因为它强调对各种社会经济现象的深入分析和理解，尊重对教育实践者实践行为的正确解读，可以迫使质的研究工作者深入到我们的教育中去，与学校的教师、学生和管理者一起开展学习和研究工作，倾听他们的反馈意见，找出教育问题的根本症结，想出具体解决办法，把质的研究成果运用到我们的教育中去。目前，国外质性原理研究的教学方法已广泛应用于高等教育管理研究和教学领域，已深入涉及高等教育基础教学理论、教育教学管理、课程结构设置、教学方法、师生互动、校园文化、教育与经济社会互动等方面。它已成为对哲学数量原理研究、哲学思辨等其他研究方法的有力挑战、补充和改进。

（五）质的定性研究步骤

质的研究的一般工作流程包括：确定研究的主要现象，提出质的研究的关键问题；了解质性研究的理论背景，建立质性研究的理论框架，对研究数据进行抽样和收集，分析研究数据，得出结论，发展研究理论，评价有效性，讨论声誉和研究伦理，编写研究报告。

因此，许多质的研究者认为质性概念研究的具体过程一般包括：质性研究主体的确定，质的研究主要目的的确定，质性研究重点课题的提出，定性研究方法的选择。了解质的研究的理论背景，建立质性概念研究框架，收集研究数据，分析研究数据，得出研究结论，建立研究理论，验证研究的有效性，讨论提高研究声誉和伦理道德的问题，编写高质量的研究报告。质量科学研究本身就是一个相互重叠、相互影响的不断发展和进步的科学过程。研究人员在具体程序和方法上有很大的技术灵活性。质性物理研究的一般特征可以概括为归纳、描述、性质和参与。

（六）质性研究范式的具体方法

在具体设计中，定性研究往往是个案研究的可能性，这种方法主要包括实地观察。这种定性观察方法可分为直接定性观察和间接定性观察。定性分析信息来源很多。在档案的质性研究中，档案的收集方法主要有访谈法和文献检索法。要对档案资料进行观察分析，尽快对采访结果进行分析，并对相关数据进行统计分析后进行处理。理论观察和方法观察一般分为参与性观察和非参与性观察。定性研究通常采用不同的归纳方法来分析不同的材料。具体的方法有很多，包括不同的材料分析方法和不同的叙事方法。

有学者认为，在历史的质性研究中，搜集史料的研究方法主要包括行为参与者观察、行为心理学、历史文化研究、民族符号研究等。

（七）研究问题的定义

要确定教育问题研究的现象，教育问题质量研究中心首先要善于确定教育研究的现象，确定要研究的现象，并首先找到自己的兴趣所在。然后确定要研究的现象的范围。在课程设计之初，对所研究的问题现象表达的具体限制应该是笼统的。今后，随着研究的深入，可以拓宽研究范围，深化和集中研究过程。在这个过程中，不仅要充分体现理论的灵活性和开放性，还要特别注意不要把"我研究的现象"的具体表现与不属于"我的前提"联系起来。

其次，寻找问题也是一个缩小范围的过程。在寻找研究问题的因素时必须考虑质的因素，研究问题中的这个问题通常是指对学术进步或现实学术界的进步有很大怀疑的研究问题。研究者真正想继续研究还是有实际意义的。积极发展科学知识，促进学术实践，积极解决这些问题，不仅对促进学术界的进步具有现实意义，而且对促进研究者自身的发展起着重要而持久的引领作用。

最后，选择合适的类型进行问题分析。要有选择地进行。根据问题的一般性和特殊性，前者可以选择更多的问题；这两种类型分别对应于差异型和过程型，过程型特别适合于定性研究；两者都更适合直接定性问题的检验；分描述性问题、解释性问题、理论性问题、宣传性问题和评价性问题五大类。

（八）质的研究中的"局外人"与"局内人"

定性研究是以研究者和被研究者为主体的研究。研究者的角色是多样的、动态的，可以从"内"到"外"，也可以从"外"到"内"；可以是由近到远，也可以是由远到近；它可以是单个或多个。正是在研究者和被研究者之间这些丰富的互动关系中，双方协商并构建了一个建设性的、不断发展的"现实"。

（九）质的研究中研究者如何进入现场

关于研究人员如何进入研究现场，有人提出以下几点。第一，识别并联系"守门员"，即在权力体系中对被抽样人拥有权威权力的人，必须得到"守门员"的同意和支持。第二，进入研究现场的研究人员的公开程度可以根据具体情况公开或保密，也可以先保密后逐步公开，各有利弊。第三，了解研究者的内部权力结构。在与被访谈研究者接触的同时，研究者还应特别关注其需要处理的环境关系中的各种权力组织结构及其上下级关系，并且必须获得被研究者本人的同意。

（十）研究报告的撰写

一些研究者引用国外著名学者的研究实践，将定性科研报告的撰写风格大致分为五种类型，即现实的故事、坦率的故事、印象深刻的故事、批判性的故事和规范性的故事。

（十一）定性研究与定量研究的关系

1. 区别

一般来说，定性研究和定量研究有以下区别：

第一，它们有不同的哲学基础。定量研究哲学方法的具体哲学理论基础主要是定性实证主义和定量哲学，而定性研究哲学方法的具体哲学理论基础主要包括自然现象学、符号学、交互现象学、自然交互论等。一些研究者认为定性研究的哲学基础是人文主义。因此，一些哲学研究者认为，在现代哲学理论基础上明确区分定性原则研究与高质量原则研究，实际上是现代科学主义与现代人文主义的重要区分。一些研究者认为，定性物理研究的主要哲学理论基础主要包括定性建构主义、实证主义、解释学和现象学。

第二，它们学术研究的主要目的不同。定量研究侧重于对各种社会变迁事实的综合度量，从而建立人类各种社会变迁事实与各种社会变迁现象之间的规律性关系，正确解释社会变迁的根源；定性研究侧重于被调查研究者及其解释系统的具体意义的抽象表征和综合建构，既特别关注教育研究的理论成果，又特别关注教育研究的实践过程，还特别关注不同研究者如何正确理解其社会生活的具体意义，并关注各种事件及其连续的规律性关系和具体意义，可以从现场规律性关系的加工结构中发现的事实。正是人类教育经验中独特性的本质层面，揭示了人类各种教育实践情境的内在变化动态和规律。

2. 联系

质的研究和量的研究是相互关联的。第一，两者都是理解事物的"质"，即区分事物与其他事物的各种属性。只是它们从不同的角度、不同的层次和不同的方式去研究同一事物的质量。由于指导思想和操作方法的不同，它们关注的是"质"的同一面。第二，量的研究范式与质的研究范式并不矛盾、不相容，而是应该相辅相成、相互支撑，但不能相互替代。定性研究为定量研究提供了框架，定量研究为进一步的定性研究创造了条件。只有把定性研究和定量研究有效地结合起来，才能相得益彰，得出更科学的结论。此外，许多研究者认为，定量科学研究必须是定性科学研究的重要基础，必须以定性科学研究的基本前提为基础，而定性科学研究必须是定量科学研究的主要出发点和最终结果。因此，量的科学研究必须是质的科学研究的重要补充。

3. 质的研究与量的研究的整合

一些研究者主张在教育科研中实现定性分析和定量分析的有机结合。整合的理论基础主要有：一是个教育科研对象与教育科研活动必须是一个整体；二是教育科研的主体——教育者自身必须完整；三是科学与教育哲学的两种研究方法完全统一；四是教育研究的两种科学方法，即教育理论科学和现代教育理论哲学的有机融合，必然完全符合历史社会发展的内在科学逻辑。研究这一范式的交叉融合有两种具体的工作要求：第一，这是从国际实践看两者交叉融合的基本前提；第二，要注意分别加强高等教育社会科学理论和高等教育社会哲学理论的研究，或者特别注意两者之间的交叉互动、交流对话。

七、自然式探究范式

一些研究者讨论了教育科学研究中的自然探究范式。自然研究、实验分析、探索和应用规范性实验分析是我国高等教育、社会科学信息技术实验研究和教学过程发展中的重要实验研究发展策略，包括实验案例研究、案例分析、实地考察和经验案例研究等具体方法。

基本假设。自然探究范式以下面四个假设作为科研工作的出发点。第一，人们对事物的解释可以有不同的意见；第二，研究者与研究者之间的相互关系和相互作用是客观的、必然的；第三，价值问题始终存在于研究中，即研究者的价值取向客观存在于研究过程中，研究对象本身也是有价值的；第四，教育现象是有基本结构的，即使不是由结构决定的，也是受结构影响的。

收集信息的方法。自然探究范式中的数据收集方式主要有以下几种：一是观察，这是自然探究范式中最常用的数据收集方式，往往是长期的实地观察；二是面试；三是调查；四是间接测量。

八、行动研究范式

（一）行动研究的定义

关于行动研究的定义，我们主要采取以下取向。

一是借用国外学者的定义。比如借用艾略特的定义："行动研究是对社会情境的研究，是从提高社会情境中行动质量的角度出发的一种研究取向。"其中引用的《国际教育百科全书》的定义，社会行动教育研究主要是适应社会教育情境的参与者为了不断提高对各种社会或家庭教育活动的理性认识，加深对其所实践的社会活动及其所依赖的社会背景的正确认识而进行的社会反思研究。

二是揭示行动研究的特点。例如，一些研究者认为，在行动研究中，主体不再是研究的对象，而是研究的主体。通过"研究"和"行动"的双重活动，参与者将研究的发现直接应用到他们的社会实践中，进而提高他们改变社会现实的能力。研究者只是起到催化剂的作用，帮助参与者识别和定义研究问题，为分析和解决问题提供自己的思考角度。一些研究者从"行动"和"研究"的含义分析了行动研究的定义。有研究者认为，"行动"主要是指实践者和实践工作者的实践活动；研究主要是指经过专门训练的专业研究人员、学者和专家对人类社会活动和社会科学的探索。因此，行动研究的基本内涵是所有相关人员参与研究和实践，介入问题情境的全过程，目的是在实践中寻找相关的理论依据和问题解决方案。

三是分析了行动研究定义的基本内容。参与此类问题研究的所有研究者共同组织参与实践研究和管理实践，通过分析此类问题的情况进行全程行动干预。主要目的是保证在实践研究活动中有关键的理论基础，并作为解决此类问题的主要研究手段，这是行动干预研究的基本内容。行动研究包含四层含义：一般与特殊行业相结合、专业技术研究人员与专业从业人员相结合、理论与社会实践相结合、持续绩效评价与即时绩效评价体系相结合。

（二）特点

研究人员应考虑行动研究的特点，特别是以下几个方面。

第一，实践研究理论强调从业者的积极参与，将行动研究与实践相结合，对从业者的过程进行研究。行动研究的重要性基本上是为了解放这些"其他人"，没有接受过传统的行动调查，接受过职业培训，对自己的人进行了行动研究，无论是独立的国际检索研究，还是与国外专家合作，从业人员本身都必须充分认识到独立检索的巨大需求。研究的力量必须来自研究者自身，研究者必须批判性地思考研究的实际结果。参与公民行为研究的人和公民行为研究的方法是研究者和研究成果的实际使用者。

第二，研究人员和从业者在相互尊重和平等的基础上合作非常重要，行动研究人员和其他研究参与者在相互接受的民主伦理框架内共同努力。如果传统行动研究中研究者不为其他参与者所知的情况出现，使研究理论在建立研究关系中不能充分发挥作用，所有行动研究的结果都可能导致研究实践的重大变化，也就是说，一些研究者认为，虽然行动研究实践的主要研究者通常是实际行动教育者，需要强调的实践合作通常指行动研究，都是由一组教师或其他研究人员围绕一个共同的研究主题进行的。而研究的顺利进行需要学校和家长的合作。一些学者认为，对行动理论的研究首先强调了整个组织内文化和工作氛围的重要价值。这源于所有参与者的和谐互动。

第三，在制定教育科研项目时，要注重主动解决实际研究问题，行动研究的主要目的是提高行动研究的质量。教育科学行动理论研究的目的是提高教育实践水平。

第四，行动心理学的研究过程强调教师自身教学实践行为，是教师研究自身教学活动的教学过程。认真总结和分析自己的教学行为，行动科学的研究方向主要体现在以下几个方面：导论虽然不是一个纯粹的心理过程，但也不是一个个体化的过程；它是一个以行动研究为指导，植根于社会历史的社会行动过程；自我反省实际上是一种政治心理过程或社会行为，通常基于一定的政治利益；自我反省虽然在意识形态的形成中起到一定的作用，在意识形态的形成中也有运用，但它实际上是一种基于实践的社会行为心理过程。

第五，实践研究过程中的一些问题主要来自实践者的日常生活和实际工作，因为新行动理论的主要目的是解放实践者，提高他们的思维和行为能力。要改变他们的思维状态和现实生活状态，首先要改变他们的心理生活状态，行动理论研究的新思路应该与行动实践者的理论工作和思维状态密切相关。行动理论的研究应激发实践者的行动，促进新的理论思想和行动策略的发展和提出，采用一定的研究方法和工作经验。

第六，行动研究强调及时反馈，特别是积极反馈，强调在实施过程中反复修改计划、调整措施。

第七，在控制实验条件方面，行动研究控制实验条件的方法并不严格，而是一种可行、科学的控制方法，行动研究工作是自然的。研究课题的科学创新和行动研究过程的有序发展，必须在实际的自然研究条件下进行。行动研究强调在自然条件下进行实地研究。

（三）类型

在研究和讨论中，研究者非常重视行动研究的类型。研究者从以下几个角度划分了行动研究的类型。

根据行动研究的侧重点不同，将社会行动科学的研究类型分为以下两种研究类型：

首先，行动者运用系统的科学研究方法，对自己的社会实践进行科学研究；这种行动研究首先强调社会科学的理论科学，侧重于统计方法和其他研究方法，以分析和检验与行动有关的科学理论和假设，这种行动研究强调社会行动研究在整个社会行动实践中的综合改进和应用。这不仅是基础研究的理论基础，研究的基本目的是解决社会行动者在实践中可能面临的实际问题。本研究首先强调社会行动研究的自我批评，即实践理论的积极批判和自我意识的批判启蒙。实践者在行动研究中通过自我反思，积极寻求自由、自主和自我解放。虽然这三类人在这三个领域的研究重点不同，但在实践中，研究者很可能会同时结合这三个方面的基本特点。

其次，根据每项行动研究内在发展阶段的不同，行动研究可分为四种类型：将研究引起的行为变化视为一种理性活动；研究的主要目的是建立政治工作与社会生产力、财富之间的社会关系。科研活动是一个强调科学性和社会性的社会合作过程。全球社会经济现实及其功能转换，社会职业研究活动植根于各类实践性社会职业院校，其主要目的是通过行动研究逐步发展成为社会技术人员的各种社会实践研究活动。反思他们的政治价值观和政治行为，尝试改变他们熟悉的政治行为和社会实践；这种行动研究与整个社会的社会发展密切相关，以反抗压迫、旗帜鲜明的政治态度和表达全社会一些弱势群体的要求，我们应该把科学理论与实践结合起来，解决全社会的具体社会问题。研究人员可以帮助社会参与者研究他们正在研究的特定课题。这四类研究课题就像一个不同光谱的连续体，从最初的心理实验科学研究到最后的研究都有额外的力量，从纯粹的非理性到社会经济结构的合理性，逐渐发展为人类社会的利益冲突。

（四）行动研究的作用

根据各种相关研究，教育行动研究具有以下功能。

第一，教育研究主要是现代教育科学理论与社会实践相结合的实践研究中介。根据一些专家和研究者的分析，实践者对社会行动理想的研究主要包括两个基本方面：社会实践的不断变化和对社会实践和生活情境的行动理解的不断发展。它建立了实践理论与行动实践相结合、实践者与行动研究者相结合的行动理想研究模式。行动研究无疑是解决传统理论在学前教育教学研究中容易偏离实践的一个很好的方法。

一些教育研究者进一步探讨了教育行动实践研究的相关结论，即教育研究理论与行动实践的联合机制。他们认为，联合机制的特点是：行动实践研究主体与教育研究理论主体的一致性或相互沟通，行动研究过程与教育研究实践过程的有机融合。

第二，教育实践行动研究工作是高校教育行动研究体系结构和多层次研究体系中不可或缺的一环。研究者普遍认为，大多数教育实践研究的组织结构、理论层次和关系结构，大致可以表述为包括以下双向信息交流的链式研究结构：基础理论实践研究、教育应用理论研究、教育行动实践研究和教育实践，即以一个虚线空间为边界，将整个理论研究领域结构分为行动理论实践研究和应用实践理论研究两个学术范畴。其中，行动理论研究是不可或缺的研究环节，它与实践应用理论研究相互作用，形成从行动理论研究到应用实践、从理论实践研究到应用理论的直接双向互动机制。

（五）行动研究的适用范围

一些研究者讨论了行动研究在学校教育中的应用。在我国学校行动教育领域，行动教育研究主要可以应用于以下几个领域。一是教育行动政策研究，可广泛用于指导和探索促进学生个体潜能发展的各种教育政策和措施，其中个体发展主要是心理素质教育。在这个发展过程中，心理咨询可以与行为矫正技术相结合。二是主要用于学校课堂教学的课题研究和教学改进。三是主要用于本科教学研究。行动研究在课程开发研究中应用较早。近年来，美国出现了"风格课程"的行动研究，即根据每个阶段学生不同的学习风格需求，制定一套相应的教材和研究课程。在这两个方面，移动技术研究机构都起到了重要的引导作用。纵观目前我国教育类课程的教学改革实践，行动教学研究方法可以有效运用于完整教学。四是主要用于各级学校的校务管理，包括确定各级学校的教育任务重点，制定合理的教育法规，评估校务管理绩效。总之，行动教育研究可以应用于学校管理的全过程。

（六）行动研究的实施

1.行动研究的基本要求

行动研究应遵循以下基本要求。

（1）有简单的科研命题方法。根据教学问题的特殊性、不同的教学目标和教师的不同能力，灵活、全面地选择各种解决方案。

（2）有很强的解决实际问题的意识。一线教师应采取积极、探究的教学态度，认真观察身边发生的各种不良教育现象及学校实施教育行动后教育状态的变化，进而对这些变化进行深入思考，进行初步的现象分析并提出解决方案。

（3）善于反思行动。

（4）需要强烈的合作共赢意识。

行动表明，虽然研究的主要参与者是一线教师，但有时一些专门的研究人员很少同时参与研究，这必然要求教师统一指导思想，齐心协力，协同推进研究。这不仅使其能够有效拓宽研究者的视野，保证研究的科学客观性和理论可靠性，还能有效提高教师自身的综合素质。

2.行动研究实施的步骤

在讨论中，研究者提出了行动研究的具体步骤。一般来说，行动研究的步骤划分如下。

第一，根据克密斯等人的早期研究，有研究者认为科学行动理论的研究过程是一个新的螺旋式上升和旋转的过程，每一个新的螺旋发展圈中都包括四个相互关联、相互依存的环节。第一个重要环节是行动计划，即以大量企业事实调查发现和市场调查分析结果为主要前提，从行动解决各种问题的实际需求和具体设想目标出发，设计与各种行动相关的专业知识、理论、方法、技术、条件等的整合，使企业行动科学研究者加深对各种问题的整体认识，掌握解决各种问题的具体行动策略。该计划主要包括科学研究的总体实施计划和每个具体研究行动实施步骤的初步实施计划。第二个关键环节是如何行动，即如何实施行动计划。在行动研究过程中，行动科学研究者可以逐步加深对具体研究情境的整体理解，并邀请其他行动研究者和其他参与者参与监督和评价。第三个调查环节是主体观察，即对当时行为人的整个过程、结果、背景和特点进行客观调查。第四个重要环节是实践反思，即分析和总结与总体规划的规划和实施相关的各种过程现象的结果，在规划的循环圈里描述和指出各种过程和实践结果，对各种过程和实践结果的表现作出科学的判断和评价，对各种现象和结果作出科学的分析和解释，指出规划和实施结果之间的不一致性，形成基本的实施假设、总体实施计划和下一步实施行动的总体计划。

第二，根据阿特莱奇特等人的相关研究，有研究者提出将人类行为科学的研究阶段划分为以下四个主要环节：第一个重要环节是如何找到社会起点，让它从一个社会中所有群体都密切关注的社会问题，或者从群体成员和每个人的日常生活和大事件的角度，提出一个参与者愿意深入探讨的社会问题。第二个基本环节是初步明确主体情况。主要方法是通过课题对话、访谈、观察、记录、收集相关对象、录音录像、问卷调查等方法对收集到的课题数据进行分析，然后对相关数据内容进行综合分析，初步明确课题研究的具体情况。第三个关键环节是如何制订新的行动计划战略并付诸实施。行动计划策略的目的一般是指那些被规划或放入我们行动策略中的决策方案，是我们行动策略研究的主要成果，可以自己解决。如果新的有效行动计划策略不能如期有效地解决这些问题，那么行动实践者可能需要重新审视他们需要采取的有效行动，并寻求进一步的技术改进和新的行动计划策略。第四个申报环节是披露专业从业人员的专业知识。

第三，根据英国学者埃利奥特的研究，有研究者将行动研究的过程分为两个阶段：第一阶段是确定和澄清总体思路。第二个主要阶段是逐步探索。逐步探索的实践一般包括五个主要步骤：探索和描述一些与情境相关的事实；逐步收集、分析、描述一些相关情况事实，并合理解释相关事实；

　　　　○　学习与研究：教育可持续性发展的推动力　●

逐步形成并实施总体行动计划；确定实施整体行动计划的步骤。

第四，根据澳大利亚一些学者的研究，一些研究者将行动研究的过程分为以下探索步骤：第一步是发现问题。第二步是确定课题，研究人员在课题中准确确定自己要研究的基础领域，为进一步的系统研究做准备。第三步是规划，即制订切实可行的计划，包括确定采用哪些研究方法以及如何收集数据等。第四步是收集数据。这一步是按照规划过程中制定的程序收集数据，收集数据的过程也是一个深入研究的过程。第五步是分析与思考。第六步是假设与推测，这是教师根据获得的数据和反馈信息预测下一步的过程。第七步是插值测试。这一步要做的工作是改变动作方法或教学方法，使其按照前一步的假设和推测发展，从而体现假设的合理性。第八步是观察，观察插入试验的结果。第九步是口头报告，包括对研究组的所有活动、数据收集和分析进行详细清晰的口头介绍。第十步是写报告，即就研究涉及的领域范围、策略、研究过程和数据分析结果，撰写全面的研究报告或学术论文。第十一步是呈现，往往是将研究成果提交给相关的学术会议。学术会议结束后，教师往往会发现新的问题需要解决，然后制订下一步的研究课题和计划，展开新的研究行动。

第五，有研究者将这一行动主题的研究步骤调整为以下主要步骤：研究确定行动主题；研究制订本行动计划；组织实施本行动，在组织实施本行动的全过程中，通过观察、反思、评估，不断研究修订行动计划，调整实施行动；对研究成果进行综合分析和评价；认真撰写行动研究报告。

3. 行动研究方法

实现行动问题研究的基本途径有三种：一是实践问题行动解决，二是团队合作行动研究，三是行动叙事分析研究。

（七）问题解决

由于行动研究强调在真实的教学情境中"解决问题"，而教学过程就是行动研究的过程，"解决问题"成为行动研究的基本方式之一。"解决问题"意味着教师发现并"提出"了一个"教育问题"。在行动研究中，提问者必须说出他遇到了什么教育事件，它是如何发生的，是如何处理的，以及处理后遇到了什么困惑。处理教育事件后剩下的困惑是"质疑"，这是一种参与和干预的态度，旨在合作解决教育问题。因此，"改变教师提问方式"成为行动研究的首要策略。这个策略至少意味着以下三个变化：第一，从具体的日常教育生活中捕捉具有教育意义的"小问题"；第二，遇到一些障碍或困难后，尽量排除；第三，从日常教育生活中解决小问题的过程中提炼出具有教育意义的"大问题"。

1. 合作学习

合作问题研究又称教师合作研究项目问题研究。它主要包括由非正规教育研究者和中小学教师组成的合作研究小组，研究、观察和讨论具体的教育教学现象。本研究的主要目的是充分调动教师的积极性提出问题和解决问题，把握教育教学中的各种问题，这是值得深入研究的。采用合理的教学方法，解决各种相关的教育教学问题。

2. 叙事研究

叙事教育研究最重要的学术任务是：它是教育领域一份全面而重要的研究报告，是我国行动研究的一种基本研究方法。教育行动建构研究的新发展路径：一是叙事研究与创新，关注现实与现实的教师调查；二是叙事学的研究增强了教师对叙事教学的信心；三是叙事学确认教师的个人生活史，教育学生成为叙述者，叙述他们在现实生活中的个人经历。叙事科学的研究重建了寓言的科学合法性，改变了寓言被教育科技话语完全遗忘和压制的状况。叙事研究把研究从重复他人的话转变成科学话语教学，以面对现实。

○ 学习与研究：教育可持续性发展的推动力 ●

（八）行动研究的运作

1. 研究设计方法

由于行动研究的特殊性，一些学者主要通过专家访谈来探讨课程的选择与设计。

第一，如何选择合适的课程主题。访谈结果最重要的是，专家们认为促进教育发展的主要任务是：这门课程的主要教学方法是不断探索新的增长点，不断创新，成功经验总结；不断寻求实际问题的新突破，不断寻求学校内部文化特色的新突破；要全面分析形势发展的背景，深刻认识当前家庭教育宏观科学发展的客观趋势和历史差距，准确回应现代社会和家庭教育科学发展的迫切需要。在这三个方面，主要的研究方法是：在现代教育发展理论中寻求新的教育理念；对信息分析理论进行综合分析，以更好地解决同一学科的多角度问题，避免学科重复。

第二，如何正确厘清重点科研的发展思路。访谈和调查的结果表明，从研究课题理论研究涵盖的各种理论关系、矛盾和关键问题中找出基本理论关系、矛盾和关键问题，无疑是设计好研究方案的重要前提。一是基础国际关系的科学研究过程是整个关系研究的基本线索，可以直接控制其他关系研究，使整个关系研究过程具有一定的可操作性；二是基础国际关系的科学研究过程是其他基础关系科学研究的根本出发点和归宿，可以直接指导其他关系研究，使整个关系研究过程得以深入开展；三是基础关系研究与研究价值的存在密切相关，如果偏离它，整个研究就会失去原有的价值。最后，如何有效地设计教学研究方案。访谈调查结果显示，我国基层教育管理与科研重大项目设计存在一些共性问题。一是教育改革目标的表达相当于教育教学和科学研究的表达，而教育发展目标的表达不能等同于教育研究成果目标的明确表达。二是研究题目内容模糊，具体表现为：题目主旨很鲜明，而内容设计模糊；研究内容庞大，学科分解不当，偏离了整个研究者的目标。三是忽略了实际的研究需求方法，无法与实际的研究需求过程相匹配。具体表现为：实际研究需求方法与实际研究需求过程不匹配。专家认为，应该采取相应的对策来解决这些问题。

2.收集数据的方法

行动观察分析研究中经常用来分析和收集行动调查分析数据的具体方法主要分为调查分析观察法、测试法和实验法，其中最常用的是调查分析观察法和实验法。

根据英国学者埃利奥特的研究，行动科学研究中收集行动数据的主要应用方法应包括以下十二种。一是个人日记。包含一些个人生活记录，如"观察、情感、反思、理解、想象、假设和加速"。二是"传记"。实际上是关于学生整体情况或个体的历时性教学记录。它既可以看作关于整个课堂教学情况的，也可以看作关于学生在一节或几节课中的个别表现。三是教学文献信息分析。主要包含与教学问题分析相关的文献信息，学校课堂工作行动计划研究中与背景信息相关的信息文献内容包括课堂工作计划大纲和行动计划、学校出具的课堂行动报告、使用过的教学论文、会议纪要、工作档案卡和作业单、学生作业数据样本等。四是教师教材照片。包括师生上课学习情况、教师"落后"时期发生的事情、教室里的各种材料教学设备、社会服务组织在教室里的工作模式等。五是文字的录音、录像和转录。六是"局貌与察者用"的教学技术。这种教学技术的主要目的是通过观察者真实活动记录的外部主观视角和学生课堂教学真实背景下学生课堂教学的形象描述，使课堂师生从"外部"深入观察和开展反省自己的课堂教学活动。七是教师访谈。这无疑是从他人视角深入探讨课堂教学实践过程的重要途径。八是连续评论。即每个参与者可以长时间跟踪正在做的事情，尽可能具体、准确地记录每个学生的一言一行，作出具体、真实的评论。九是行为跟进评论的研究。即对参与者长期行为的行为跟进评论的研究，以及对其实际行为和所回应的各种行为结果的持续跟进评论。十是材料清单、调查表和目录。调查表一般指学生需要回答的一个列表或一系列基本问题。它用于指示学生回答这些问题所列出的基本信息及其类型，并帮助指导教师的观察。问卷通常是我们希望别人能回答的一系列相关问题。对于我们来说，检查我们希望在问卷中回答的相关问题是否与其他调查参与者希望回答的相关问题一致通常是一种重要的方式。目录是一系列筛选别人对自己实际情况的具体陈述以及是否同意的项目。它由一系列从弱或强到弱的主要选项组成。坚决同意—同意—不确定—不同意—坚决不同意。十一是运用三角形互证法。其基本理论原理是从许多不同的角度或立场收集对社会实际情况的深入观察、分析和解释，并加以比较。十二是有关证据分析材料的备忘录。备忘录的主要目的是对资料所有人需要收集的证据相关材料进行系统的证据分析和综合思考，并适时进行重新编辑和发布。一般来说，这是在密切调查监测和长期跟踪调查探索之后。

3. 行动研究的研究报告写作方法

行动研究报告的主要研究成果允许我们采用许多不同的语言写作表达方式。它最大的一个特点就是把"别人"的格式融入你的研究报告的联合撰写中，让所有的研究参与者都能参与到你的写作中，让更多具有共同批判研究能力的学者朋友、协作研究者和社会同行参与到你的研究报告的联合评审中，可以说让不同的、多元的社会声音一起参与到演讲中。以写作形式为例，读者可以自行编撰一系列作者的自传、个人故事、生活和工作经历、诗歌或其他文学作品，让活动当事人可以直接在微信公众平台上发言。行动科学研究的技术文本已经完全超越了传统科学与现代文学的技术边界，正在挑战现代科学行动研究的技术极限。

4. 教育行动研究的伦理问题

教师教学伦理行动教育伦理专业研究者的教育伦理人际关系一般涉及以下五个主要影响因素：高校教师与各级教育行政机关教育伦理组织之间的教育伦理人际关系、教师与地理伦理专家、教育伦理研究者之间的教育伦理人际关系、教师与教师之间的教育伦理人际关系和师生之间的教育伦理人际关系。老师和高等院校经常认为要特别注意以下两点：一种可能是对方需要了解某项工作的主要目的；也有可能是彼此需要加强业务沟通，建立一定的工作共识。教师、教育社会管理专家和科研人员强调民主、平等和自由交流，互动科学理论研究辩证地批判性地反省社会关系。他们是可靠的教师社会友好型朋友。研究者作为教师社会关系协调者的主要成员，在互动理论批判和辩证互动理论批判共同成长发展的过程中，建立并持续努力维护民主、平等与言论自由、民主与平等交往的良好社会和谐氛围。

（九）误区及需要注意的问题

1. 误区

研究者讨论了当前我国教育行动研究中存在的问题，认为存在以下误区。

第一，科研项目选择难度方面，项目大而空，不是自身科研工作中亟待解决的重要问题。一些大学教师没有充分认识到科学行动教育研究的教学目标和现实意义，认为只有项目大才能显得水平高，才能像科学教育一样进行科学研究。

第二，在有问题的定义技术方面，往往缺乏对需要研究的实际问题的深入分析和科学定义，用传统的感官认知代替科学认知。

第三，在研究假设上，缺乏科学性和可操作性的假设。

第四，在实施行动时，注重行动，忽视过程研究。

第五，在结果标准的评价指标中，评价指标与实验结果的目标不一致，导致对实验结果的错误解读。

2. 应注意的问题

行动研究应注意以下问题。

第一，从业者必须是学术研究者。同时，专业研究者需要更多的指导和支持教师开展行动研究。在行动教育的研究过程中，不断加强行动教育

○ 学习与研究：教育可持续性发展的推动力 ●

者的集体合作和参与。行动科学研究的主要合作伙伴特征是三维模型。从理论层面看，旨在促进传统理论研究者与实践研究者的紧密合作，要求传统研究者积极参与理论实践，承担起为研究和解决实际问题进行重要理论指导的责任；实践研究者积极参与问题研究，增强在研究中应用理性知识的责任感。他们取长补短，实现了理论行动与实践研究的互动与统一。从横向来看，行动教学研究也强调教师之间的合作。这种横向合作研究模式对于不断提高教师研究工作质量，扩大教师研究成果的有效性和应用范围将具有一定的指导意义。但是要注意人员配合和人员互补。

第二，结合教育研究的实践，深入研究行动研究的方法，进一步提高认识，才能真正把行动研究作为改进教育教学的新途径。在这方面，从经验中学习尤为重要。

第三，要树立反思意识。反思意识是一种教育行动的自我批判精神，它应该建立在教师行动的提高是一个永无止境、不间断的过程的信念之上，在这个过程中应该树立一种反思和批判的意识。

第四，行动科学研究所应该关注的问题是研究实践中可能的取向，这直接决定了一个行动科学研究所应该具有开放性。面向问题的科学研究行动科学研究不应该仅是一种完全拘泥于科学程式化的科学操作研究范式，更应该是一种具有方法论倾向的操作理念和研究操作模式。结合教育科研实践，深入研究行动研究的方法，通过学习进一步提高认识，才能真正把行动研究作为改进教育教学的新途径。在这两个方面，要特别注意教育理论与教学实践的相互结合和循环转化。

第五，各级高等教育教学科研工作行政部门要适应积极正确地指导广大教师自身的教学科研工作，引导广大教师切实把科研热情转移到自身科研工作中急需解决的热点问题上来，消除一些对教师自身存在的"科研就是写论文"的片面误解。

第六，行动研究非常注重教师素质的提高。一方面，行动研究的发展对教师素质提出了新的要求；另一方面，行动研究将有效促进教师素质的提高，从而促进教育行动质量的提高。

第七，要特别注意的是，行动科学研究中对理论行动的密切关注并不一定意味着对行动理论的蔑视或排斥。相反，行动科学研究从未完全放弃对行动理论的密切关注，行动科学研究的理论实践应有品格，也决定了只有其实践才能为新行动理论的不断发展提供新的增长点。

第八，"合作"是行动研究伦理精神的核心，研究要遵循中小学教师与研究者"合作"的基本原则。

此外，中小学行动教师要牢固树立教学科研的新发展理念，把提高行动教学研究成果质量作为学校评价中小学行动教师的主要措施，建立健全以学校行动教研组合作为基础的行动教学研究指导机构。

第二节 发展促进学习

教育科学研究项目确定后，需要对学校所有确定的研究项目进行规划设计。教育科学研究的课程设计是一项非常复杂的任务。根据我国科研现状，其主要工作包括如何形成具体研究活动的假设，选择一种主要方法收集研究数据，选择主要研究对象，确定主要研究活动变量，形成具体的研究活动计划。

一、形成研究假设

（一）教育研究假设综述

1．研究假设的概念

有研究者对"假设"做了简单合理的解释，认为这个假设是我们研究这个问题暂时的正确答案。因此，一些科研人员认为，研究中的假设理论是科研人员根据历史经验、科学事实和现代科研理论可以预先给出的科学答案，是对科学研究理论成果的预测，是对科学研究涉及的主要变量之间关系的假设。

2．假设在教育研究中的作用

研究者讨论了这一假设在教育科学研究中的重要作用。根据统计研究者的分析，假设设计在以下两个方面起着重要作用。第一，假设设计可以用来指导统计研究者的设计。一个好的研究假设设计，可以明确指出哪些统计研究者的设计方法能够满足统计研究的实际需要，甚至可以指明哪些统计主体、研究工具、统计研究方法和研究流程可以实施；第二，研究者的假设设计可以用来指导研究数据的及时收集，即假设指导者已经使研究者能够收集到解决研究问题急需的科学证据和统计数据，从而引导研究者对有用的、重要的研究材料更加敏感，避免浪费时间或收集不符合需要的研究数据。

3.良好的科研成果具有必须具备的基本技术特征

什么样的假设才能算是好的假设？一些研究人员提出在教育科学研究中的假设结果应符合以下标准。第一，研究者的假设性叙述应该是完全可验证的；第二，研究者的假设性叙述应该清楚地描述两个变量之间的关系；第三，研究者的假设性叙述应与目前已知的大多数事实相关或一致；第四，研究者的假设叙述要尽量简洁，避免过多使用不必要的复杂概念；第五，研究者的假设叙述可以直接用来解释一个新的问题或现象，而不必附加其他新的假设；第六，研究者的假设叙事要尽可能用便于量化或实际量化的叙事形式来表达；第七，假设的实际叙述形式要有限的知识范围；第八，假设叙述要有一定的限度，这样才能演绎出很多新的推论。

（二）教育研究假设的基本类型

一些研究者讨论了教育研究假设的类型。

第一，根据各种假设中各种变量之间关系变化的基本方向，是常见的条件表达式，也就是因为假设中的两个不同变量之间存在共同的条件函数关系，"如果……那么……"的句型可以用在假设型句子表达式中。

第二，根据技术研究者假设的基本技术属性，对于科技研究的基本假设属性大致可以分为以下三类。第一种差异假设是特定倾向差异属性假设，即指向用于分析和推测特定不同对象之间的关系的倾向差异属性假设，并指向个别的、特定的和特定的虚无假设属性实例，如"在思维能力上，A班学生比B班学生具有更好的推理能力"。第二种差异假设是一般倾向差异属性假设，即指向一般用来分析和推测不同经济范畴之间的国内国际经济关系的倾向差异属性假设，指向一般的、抽象的、广泛普及的虚无属性例子，如"男生在思维能力上的推理能力优于女生"的特殊差异假设。第三种差异假设是一种倾向虚无假设，即指向用于分析和推测一些不一定真实、没有倾向属性的国际关系的倾向差异假设。事实上，这种倾向差异假设本身实际上是关系统计学中的零倾向差异假设，比如男孩和女孩在推理能力上没有差异的特殊差异假设。

（三）教育研究假设的形成与检验

1. 教育研究假设的形成

"假设"大致来说，它需要经历以下三个发展阶段。第一个分析阶段主要是对观察者的分析。由于所有的科学假说只能来自一个客观事实或科学假说结论，要想正确地提出科学假说，就必须在提出科学假说之前，仔细具体地观察所有需要研究的假说对象，并对相关的客观科学假说结论进行综合分析，这是提出科学假说的基本前提。在第二阶段，这也是第一次提出假设。通过对社会事物的科学观察和分析，特别是对教育问题的发生原因的观察和分析，结合我国现有的现代教育科学理论，可以对某一教育问题提出自己的教育理论科学假设。第三个验证阶段是重新验证这个假设。一般来说，可以从两个验证方向进行。一个验证方向是扩展我们的一些假设，找出假设推理的起源。如果这些假设与实际情况一致，就不会有矛盾，假设很有可能完全成立；另一个验证方向是需要用教育特殊的科学实验方法重新检验这一假设，这应该是最重要的验证方向。

2．教育研究假设的检验

假设检验后的结果一般包括直接检验结果的综合检验和间接检验结果的综合检验。所谓直接检验应用观察检验，就是利用直接观察和实验两种不同的方法，直接验证一个科学假说的几乎所有内容，这也是目前广泛使用的直接观察检验的应用方法。一般来说，在任何情况下，都可以认为是通过使用这种检验方法来直接检验一个新的假设。一般来说，具有一定特殊性的一个或几个科学理论或假说，都是从具有一般特征的原始科学理论或假说中间接推导出来的，然后直接对其假说进行检验和确认以供验证。如果具有特殊特征的原始科学理论中的假设因为没有得到充分验证而被直接验证，那么只能认为可以直接证明具有一般特征的原始科学理论中的假设确实是完全真实的。否则，我们只能认为我们可以间接推翻前几个一般科学理论中的假设。假设材料验证的具体步骤主要包括以下三个相互关联的主要步骤：第一是科研活动计划的具体制订；第二是通过采样材料进行测试，即通过提取科研中的一些实物材料进行测试；第三是相关材料的收集、整理和分类分析，包括相关材料的分类和验证、材料的选择以及材料的分析剔除。

二、选择收集数据的方法

一些科研人员对我国教育科研课程设计中一些教育资料收集方法的选择和使用进行了探讨，提出使用各种教育资料收集方法在选择时应特别注意以下两点。

第一，根据研究项目的基本研究目标和技术条件，我们要选择特定的方法进行数据的收集与研究。怎样选择和收集这些数据呢？具体方法主要取决于研究者研究活动的目的和合适的研究环境条件。在我们收集现代教育理论研究教材的各种研究方法中，不一定有绝对的"最优方法"。哪一种或几种研究方法对我们实现教育研究的教学目的最有效，如果我们具备正确运用这一种或几种研究方法的基本条件，就可以选择。收集教育资料的研究方法多种多样，包括教学文献调查分析、自然现象观察、教育活动调查分析、教育活动实验、经验总结、行动经验研究和案例分析。

第二，注意各种分析方法的基本独立性及其相互关系。每一种收集技术资料的技术方法都有其自身的技术特点、不同的适用技术条件和范围，不能相互替代。在特别注意它们使用的独立性的同时，也要特别注意它们之间的相互联系及如何配合它们的使用。考虑研究对象的基本特征和研究对象的几个主客观基本条件也很重要。

三、选择研究对象

教育科学研究的实验对象可以看作一个人或一件事，也可以看作多人或多人的事。你选择什么样的人和多少人学习？这一点需要根据不同的专业研究领域、研究服务目标和不同的研究市场情况来确定。在分析抽样对象的选择时，主要研究涉及从定性到定量抽样的基本问题。

（一）总体和抽样

总体和抽样的概念可以定义如下。

1. 受试者总数。是在一定时间和空间间隔内参与研究的受试者总数。一个统计集体，由许多个体统计事物以相同的总体性质相互结合而成，当它被结合到国际统计科学研究的对象中时，可以被称为统计总体。

2. 样本。是从整个人群中主动抽取的样本个体的一部分，对样本的整体情况有一定的实际代表性，也可以称为样本组。需要包含在样本中的特定单个样本的数量也称为样本大小。换句话说，样品元素是具有从生物基质中自由提取的个体或样品元素的组或聚集体。

3.抽样。是遵循一定的科学规律，最终从科学人群中抽取一定数量具有实际代表性的科学个体进行科学研究的过程。本研究的主要目的是利用一个种群样本数据，分析得到关于研究种群的基本信息和种群一般性质的结论，并从样本的整体特征中推断出种群，从而对样本相应的整体研究结果作出正确的结论。

（二）取样步骤

一般来说，教育科研工作中的科学抽样必须严格遵循以下程序：第一步，明确界定教育科研的整体；第二步，想办法提前获取可能包含完整正确的科学采样单位的研究机构名单，总体单位名单的内容要及时更新、可靠完整；第三步，根据研究获得的总体清单，采用适当的科学抽样方法，选择一批具有国际代表性的研究样本。

（三）常用抽样方法

取样方法一般多种多样，应根据科学研究的主要目的和技术要求来确定。有相关研究人员认为，抽样的基本计算方法主要包括单纯随机抽样、等距采样、分层随机抽样、组随机抽样、多级采样、双重取样和有目的的取样。

根据各种研究，常见的采样方法主要有以下几种。

1.单纯随机抽样

这种条件抽样也可以称为简单随机条件抽样，它的一个主要特点是抽样不完全基于各种机会和条件。它们可以采用以下两种具体的实现方式。

一是采用随机自动抽签的方式。主要操作步骤为：首先，将一个单位总体样本数据表中所有个体的姓名和编号编在一个编号上，每个所有者给个体一个新的姓名和编号；其次，在每个单元个体名号中写下所有的名字，然后放在一个同样大小的小单元个体数据表上，取出放入一个小数据盒或

　　　○　学习与研究：教育可持续性发展的推动力　　●

类似的小容器中，完全取出这张个体纸片放入其中拌匀；最后，每次手动添加提取一张单位个人数据纸，并在这张个人纸上仔细核对并记录单位、个人姓名及编号，然后再次添加这张个人纸，并放回一个小盒子中，重复多次放入、搅拌、反复提取，直到能够完全提取并找出每个个人样本数据所有者的整体需要的超过一定数量的个人数量。

二是使用随机变量数表。这种通用抽样方法主要是先对每个通用样本中的每个主要个体进行编号，然后从通用表中的任意位置选择一个，有序确定后作为通用起点，再按任意方向依次系统地抽取整体所需的一定数量的个体编号作为通用样本。

2. 等距采样

这种随机抽样计算方法也可称为抽样系统随机抽样、机械随机抽样和区间随机抽样。它主要是按照某一组的符号顺序对一般抽样中的每个特定个体进行排列和编号，并将其划分为与每个个体具有相同抽样数密度的每个抽样组，使每个组的抽样数与一般样本的总数相同，有利于在几个组相互间隔后系统地选择特定个体，从而最终形成一般样本。操作步骤主要包括：第一步，对整个样本中的所有单个样本进行编号，并将其分成与该样本数量相同的单个组；第二步，确定采样间隔的最近距离，该距离必须等于构成该总体的所有单个样本的数量，并除以最终样本的数量；第三步，采用随机抽样的方法，从抽样区间最近距离以下的个体数依次确定本次抽样的总起点数和个数；第四步，从采样起始点的编号序列开始，从最近距离的编号中以一定顺序选择提取的单个样本作为最终样本，直到样本总数已经足够确定。

3. 分层随机抽样

一般来说，根据一定的样本容量或标准，将整个样本研究群体划分和排列成若干不同的样本研究水平或不同的样本类别。然后根据样本研究结果预先确定的样本容量及各层、各类别在整个样本研究人群中的应用和应用比例，从中选出一定总量或数量的样本研究样本。其中，该操作步骤的主要内容包括：第一步，确定每个整体类别分类的所有者需要提取的整体分类编号标准；第二步，确定每个提取类别的类别总数、每个类别的单个类别总数和每个随机抽样的单个类别总数；第三步，依次计算各类别的总体分类比例和各类别所有人应占的数量，将每次随机抽样的类别总比例和各数量的总比例相乘，得到各类别所有人每次应抽取的类别总分类数量。

4．组随机抽样

也可称为聚类集成采样和集合集成采样。这种随机抽样的研究方法主要是将一个一般样本分成若干个科学组，然后根据随机抽样的原理选取一个或几个科学组样本作为研究样本。这些科学群体样本中的所有科学个体都可能是我们研究的主要对象。

5．多级采样

也称多媒体阶段抽样法。这种总采样的计算方法主要是将一次总采样分为两级或两级以上，依次在每一级进行总采样。各级总抽样采用随机抽样方法。比如先选择一定的招生地区，再从一定的招生地区中选择一定的招生学校，最后从一定的招生学校中选择一定的学生。

6．双重取样

这种方法是指每年取样两次，并比较两个样品的质量。

7．有目的的取样

与随机抽样不同，它有意识地选择一些对象作为研究对象，并将其作为研究样本。在对一些具有一定生物学特殊性的小个体样本动物进行科学研究时，往往需要采用这种研究方法。部分项目案例抽样的常见具体方法主要包括：综合案例抽样，其中样本必须包括所有具有特定群体特征的单位；最大和最小差异案例抽样，主要是一个选择性的过程，主要包括对每个单元的多重选择，从而最大化单元特征的最大差异程度；极端理性的情况类似于抽样，主要是对每个没有异常群体特征的单位做出极端的选择；

典型理性案例类似于抽样，其中每个被选择的单位被广泛认为是被研究群体现象的典型理性代表；对于齐次情况下的抽样，主要是指亚，整数群的典型抽样，总是集中在某个特殊值上。同态抽样是一种典型的抽样，与最大和最小差态抽样完全相反。在一些项目的样本抽样中，通常有很多样本变量，应用变量的主要目的是在一个样本中快速获得一个信息丰富的数据单元。

四、确定研究变量

教育科研课程设计的另一个重要环节是如何确定教育科研中的变量。可变因素是指能发生质的变化、不变量的概念或可变属性，既能发生变化又有较大差异的可变因素。变量的定义一般是指常数的定义是否意味着研究中的所有对象都应具有相同的状态或物理特征并具有新的值；变量只是指在研究中所有的研究对象都具有不同的状态或物理特征，并且具有不同的值。

（一）选择参数

在教育和研究的设计中，我们在选择定制变量时应该特别注意以下两个主要方面。第一，定义用户定义变量的基本内容和交互。第一次组织参与高校教育教学科研的高校教育工作者，最好不要选择单一或自变量的研究课题。如果一个学科库中有两个以上典型的复合自过程变量，则需要明确指出哪些是复合自变量，各复合自变量在学科研究过程中的相互作用及自身与变量之间的关系。第二，保持各自变量的状态连续性。研究的各种自变量在你的研究实验过程中一定要保持稳定，中间不要发生变化，注意防止其他因素相互干扰，这样才能真正证明你的研究实验结果是如何自然形成的，以及措施和实验结果之间是否应该存在因果关系。

（二）确定因变量

在统计确定因子自变量时，应充分考虑自身基本变量和因子自变量的基本性质、特点和相互关系，并特别注意以下两个方面的统计工作。第一，列出主要因素和变量。研究内容、手段、方法和研究对象的结构复杂性直接决定了因素和变量的多样性。在研究制订教育研究行动计划时，要尽可能全面、完整地考虑因素的变量领域，同时合理确定哪些领域是因变量的主要研究方面，从而充分明确教育课题的主要研究方向和主要研究目的。第二，确定压力测量中测试因素和变量的主要指标。

（三）区分无关变量

在正确选择和分析教学研究成果的变量时，要特别注意如何分析和识别无关变量，考虑它们对教学研究成果可能产生的直接影响，在不可能影响正常义务教育学校教学科研工作的实际情况下，采取一些必要的风险控制措施。在科学研究中，有必要控制或消除这些无关变量，并考虑这些无关变量可能对一个研究结果本身产生什么样的影响。否则，可能无法完全确定因素变量变化的真实性和原因。

（四）定义研究变量

一旦项目过程中的主要基本变量被分析和确定，就有必要定义这些基本变量并定义它们的基本含义。定义抽象变量有两种方式：一是定义抽象变量，二是定义操作变量。一般来说，一旦分析确定了所研究的变量，就应该先定义抽象变量，再定义操作变量。

1. 抽象定义

抽象是直接定义的，有人称之为抽象概念直接定义。它主要是在抽象概念的基本意义上概括变量的一些本质属性。它的主要特点是用一个新概念直接定义另一个新概念，用抽象定义概括概念直接定义的一个变量的具

　　　　　　○　学习与研究：教育可持续性发展的推动力　　●

体性质或基本特征。抽象具体定义的研究方法主要分为以下几种：第一种是比较经典的具体定义方法，是一种减少物种差异和增加属性概念的定义模式；第二种是从相关文献中寻找合适的具体定义，即从科学教科书、词典、百科全书等相关文献条目中寻找合适的具体定义；第三种是自行选择定义的研究方法，即科研人员可以根据自己的研究目的和深入研究科学问题的实际需要，对相关文献中的一些具体定义进行修改或作为自己以后的具体定义。抽象属性的定义模型能够准确概括和描述一个变量的基本结构属性，能够完全覆盖一个变量的所有属性和特征，便于与其他类型的变量进行比较和区分。但是，抽象自然的定义无法将科学概念与一个可以直接观察的科学客观世界直接联系起来，也可能无法按照这个概念来衡量或直接操纵科学研究中的变量。

2. 操作定义

操作属性的定义是根据变量可检测观察、可操作测量和可验证操作的各种特征关系，准确定义变量的基本含义，即从具体的操作行为、特征和指标中抽象描述变量的各种操作特征，将变量的抽象概念转化为可检测观察和可操作验证的变量项。从本质上来说，测量操作性能的定义本身就是一个指标，它详细描述了如何研究变量的操作过程并确定测量值。有许多定义特定操作对象的描述方法。

五、形成研究计划

教育研究设计的最后一个任务是形成研究计划。对此，研究人员进行了探讨。

（一）研究计划的目的和价值

1. 研究计划的目的

关于实施研究成果计划的具体目的，很多研究者认为研究成果计划主要解决三个基本问题：一是需要研究什么样的问题，二是如何组织研究，三是我们预期的研究成果目标是什么。

2. 研究计划的价值

研究工作方案和计划通常在以下方面具有应用价值：第一，研究者的计划方案是一种预期的研究工作方法，是预期研究的重要策略；第二，研究者的方案知识是预期研究的重要诀窍和隐性基础知识，是重要的预期研究成果；第三，能准确说明其前辈的预期研究成果、某一学科预期研究的前沿和进展、急需解决或尚未解决的研究问题，论证其预期研究的学术起点和新的研究思路；第四，它能真正使一个研究者准确地把握自己研究的全过程，使一个研究者的工作能够有目的、有计划、有步骤地组织起来；第五，确实能让一些研究者准确把握自己研究的发展方向和进展；第六，它使人们能够准确地规划自己研究的预期结果，并根据自己预期研究结果的表现合理地选择有效的研究方法；第七，为未来研究成果的分析、总结和应用做好心理准备。因此，有研究者认为，研发计划具有以下重要的学术功能。一是研究计划内容的具体细化，二是可以作为报告研究成果的重要形式，三是它可以成为研发行动的重要指南，四是可以作为检查研究评价结果的重要依据。

（二）教育研究计划的基本内容

教育科研行动计划的具体内容主要包括：已完成项目的项目名称；完成学科教育研究的历史背景和主要意义；完成学科教育研究的基本工作内容；完成研究对象和教学对象的具体选择；完成学科教育研究的具体方法；完成学科教育研究的具体过程和成果，期待研究成果；教师完成科研项目

　　　　○　学习与研究：教育可持续性发展的推动力　●

的必要条件。

因此，有研究者认为，研究行动计划应包括以下基础研究内容：研究课题，提出问题，文献综述，研究的目的和意义，研究工作内容，研究重点，研究结果的假设，研究工作方法，研究工作步骤，研究目标和成果，预期研究成果，研究组织和项目管理。

据国内教育科研人员分析，教育科研活动计划主要包括以下内容：专题分析教育科研提出的具体背景；论述教育研究的基本目的和主要意义；如何完成教育课题的具体可行性研究和分析；明确教育研究者的问题内容，分析教育研究的理论基础；界定教育研究的具体背景和知识；提出教育研究活动的目标；明确教育研究课题的内容；分析和确定教育研究的主题，讨论教育研究成果之间的关系；分析选择教育研究的实施方法，确定教育研究的实施策略和实践操作；研究设计教育科研工作步骤，合理分解教育科研人员工作内容，合理安排科研时间、人员和科研经费；明确教育保障政策和措施；研究并确定教育研究成果的具体表现形式。

我们始终认为，教育科研行动计划的基础研究内容不是固定的，而是随着实际情况而变化的。不同的研究来源、不同的研究类型或不同的研究性质，在综合研究型教育计划的基本技术内容中往往有不同的技术要求。